米百俵の歴史学

封印された主人公と送り主

坂本保富

学文社

米百俵の歴史学

目次

凡　例

本書に引用した資料（史料）の記載は、可能な限り原文の表記を尊重したが、読者の利便性を考慮して、次のような措置を講じた。

1、引用資料や引用文献については、著書の場合は『　』、著書の一部または収録された論文の場合は「　」で表記した。また、引用した資料（史料）の中に施した筆者註は〔　〕で表示した。

2、引用史料の原文の一部を割愛した場合は（前略）（中略）（後略）と表記した。

3、引用史料には、読みやすくするために句点・読点・濁点を、適宜、施した。また、引用史料の中の特殊な読みや難解な文字には、右側に読み仮名（ルビ）を付した。

4、引用史料の原文の旧漢字は可能な限り常用漢字を用い、また異体字の場合も同様の措置を講じた。

（例）學→学、國→国、畧→略、德→徳、數→数、嶋→島、會→会、讀→読

5、明らかな誤字・あて字、あるいは不適当な箇所や疑問箇所には、該当文字の右側に「ママ」を付した。

6、変体仮名は、「ひらがな」あるいは「カタカナ」に換えた。

（例）之→の・ノ、而→て・テ、茂→も・モ、江→え・エ、者→は・ハ、ゐ→い、ゑ→え、ヰ→い・イ、など。

7、年号の表記は、例えば「明治五年（一八七二）」のように、和暦（西暦）の順に記した。また、「西暦」には「年」を省略し、漢数字だけを記した。

8、他の解読や解釈の可能性がある文字や単語の場合には右側に（カ）を付した。

米百俵の歴史学——封印された主人公と送り主

はじめに

(1) 本書の意図と課題

明治の夜明けに勃発した戊辰戦争《ぼしんせんそう》(一八六八―一八六九)といえば、白虎隊の自刃《じじん》で有名な、あの会津藩の悲劇が想起される。だが、実際には、その会津藩よりも悲惨な、挫折と絶望をもって明治の維新を迎えた敗者がいた。それは、司馬遼太郎の作品『峠』(新潮社、一九七二)に描かれた、あの雪深い越後長岡の人々であった。日本が、徳川幕藩体制から天皇新政の近代国家へと一大転換する幕末維新の動乱期に、錦の御旗を掲げて越後に進攻する薩長中心の新政府軍を前に、藩軍事総督の河井継之助《かわいつぐのすけ》(一八二七―一八六八)率いる長岡藩の兵士たちは、勇猛果敢に抗戦した。藩のシンボルであった長岡城の争奪をめぐって激しい攻防を繰り返したが、結果は惨敗、無条件降伏であった。負傷しながら、なおも会津に転戦しようとした河井総督は、途中で戦死した。

　司馬は、維新の勝者である薩長藩閥政治が展開した明治という近代日本の実像を剔《えぐ》りだすために、正義を貫いて勇敢に散った継之助を主人公として、敗者の美学という逆の視座から、もう一つの明治維新の実像を描き出そうとしたわけである。この戊辰戦争の後、長岡の人々にとって、非業《ひごう》の最期《さいご》を遂げた河井継之助は、郷土の誇るべき悲運の英雄となり、広く日本人からは偉人として崇《あが》められる歴史的な人物となった。

　しかし、ある時期から戊辰戦争の英雄あるいは偉人と讃《たた》えられる人物が、別人と入れ替わった。悪人が善人に再評価されるという事例、あるいはその逆は、歴史上、決して珍しいことではない。だが、衆人の評価や関心の対象が、全く別の人と入れ替わってしまうという事例は稀である。その数少ない事例が、越後長岡藩の場合である。長岡の維新は、たとえ正義の戦いではあっても、全く勝ち目のない戦《いくさ》を、河井総督の率いる藩当局が断行したが故に、城下は灰燼《かいじん》と化し、領民を巻き込んで多くの死傷者を出した。生き残った人々もまた、家屋は焼かれて住処《すみか》なく、食糧は尽きて飢餓に苦しむという、全くの窮乏生活を強いられた。

　そんな焼土の中から、郷土の復興を夢みて立ち上がった人物がいた。その彼は、郷土長岡の戦後復興が、世代を超えた長い道程《みちのり》であることを見透し、全ての復興事業の基になる人材の育成こそが急務であるとの教育立国主義を掲げて、青少年の教育を最優先し、校舎の建設を主張した。このように、戦後長岡の絶望の中で、郷土復興への希望を灯《とも》した人物、それは幕末期の傑物《けつぶつ》として著名な佐久間象山《さくましょうざん》（一八一一―一八六四）の愛弟子《まなでし》、小林虎三郎（一八二八―一八七七）であった。虎三郎は、継之助とは縁戚に繋《つな》がり、しかも同じ象山門下の学友であった。だが、両者は、思想や行動においては全く対照的であった。継之助に反対して非戦論を唱えた虎三郎を主人公にして、戊辰戦後の越後長岡を描いた作品が、昭和の文豪・山本有三の作品『米百俵』（新潮社、一九四三）であった。太平洋戦争の只中《ただなか》にあったにもかかわらず、この有三の作品が出版され、上演されてからは、越後長岡の偉人は、いな、戊辰戦争をめぐる明治維新の英雄は、人々を戦争に導いた河井継之助から、戦後復興の立役者となった虎三郎へと入れ替わった。それは昭和戦後における長岡の人々の意識が、まさに敗戦の絶望から復興の希望へと大きく転換する象徴的な変化でもあったといえる。

本書は、上述のごとく、有三の作品によって日本の内外に広く知られるようになった、越後長岡藩を舞台とした歴史的な物語、すなわち有三の描いた『米百俵』の世界に関する学術的レベルでの真偽の検証を意図した、ささやかな論考である。

ところで、「米百俵」という物語の世界とは、官軍の進攻によって城下全体が焦土と化した越後長岡藩で、戦後復興を委ねられた虎三郎が、戊辰戦後の明治三年（一八七〇）に、分家である越後三根山藩《みねやまはん》（旧新潟県西蒲原郡の巻町と岩室町。原発の是非をめぐる住民投票で有名な巻町は、岩室村と共に平成十七年には新潟市に合併）から送られてきた救援米「米百俵」を、飢えに苦しむ藩士家族に分け与えず、「食えないから学校を作るのだ」との教育的信念―教育立国主義を貫き、人材育成のための学校建設資金に充用したという感動的な逸話である。

この歴史的な物語は、太平洋戦争の真っ直中《まっただなか》の昭和十八年（一九四三）六月に、山本有三の作品『米百俵』が公刊されるまでは、地元長岡をはじめ、日本の歴史学関係者の間でも、ほとんど知られることのない出来事であった。はたして、その話は、実際にあった歴史的な事実、つまり史実であるのかどうかさえもが疑われた。それ故にか、地元長岡を中心として出版された幾多の関係文献でも、ほとんど看過されてきた。そのような歴史的逸話に検証を試み、はじめて史実であることを確認し、『米百俵』という戯曲に作品化して世に知らしめたのが、作家の山本有三であったとされる。はたして有三が、史実「米百俵」の第一発見者であったのか、はたまた実際の内容は、彼の描いた戯曲の世界そのままであったのか。さらに、問題とされなければならないのは、これまで、「米百俵」を送った側の三根山藩の存在が、全くといってよいほどに看過され、近年に至るまで封印されてきた、という事実である。肝心の「米百俵」を送った越後三根山藩とは、いったい、どのような藩であったのか。三根山藩は、いかなる事情から長岡藩に救援米を送ったのか、その動機や経緯はいかなるものであったのか。そして、「米百俵」に込められた三根山藩の人々の想いとは…。「米百俵」に関わる疑念は尽きない。

最も素朴で基本的な疑問や問題の数々に対して、本書の目的は、第一に、山本有三の戯曲『米百俵』が出版されるまでは、地元、長岡でも、全くの無名、というよりは、知られてはいたが隠されてきた、すなわち隠蔽されてきた、としかいいようのない虎三郎の存在をめぐる疑問の解明である。それは何故だったのか。その謎めいた事実を明らかにすることである。そして第二は、なぜ有三は、『米百俵』という作品を書くに至ったのか。すなわち、彼による史実「米百俵」の発見とその作品化に至る経緯を明らかにすること。そして第三には、有三の作品を契機として、これまでの数々の先行研究では、「米百俵」を送られた越後長岡藩にのみ関心が向けられ、肝心の「米百俵」を送った三根山藩については照射されず、全く看過され隠蔽されてきたという、これまた謎めいた事実を吟味すること。さらに第四には、三根山藩は、何故に救援米を送るに至ったのか。この歴史的な事実を、その動機や経緯を、幕末維新期の三根山藩を取り巻く政治的あるいは経済的な状況の分析を踏まえて究明すること、にある。

本書は、以上に指摘したような、これまでは不問に付されてきた疑問や問題の数々に対して、筆者の専門とする教育文化史的な視座からアプローチした論考である。

(2) 「米百俵」の主人公・小林虎三郎とは

ところで、「米百俵」という言葉は、平成十四年(二〇〇二)の五月、小泉首相の総理大臣就任演説で引用されて以来、一躍、全国的に有名となった(1)。実は、その演説の基になった資料が、象山門人の小林虎三郎を主人公とした、山本有三の戯曲『米百俵』であった。

戊辰の戦後、薩長主導の維新政府は、長岡藩主の牧野忠雅《まきのただまさ》に対して官位剥奪《かんいはくだつ》と隠居謹慎《いんきょきんしん》を命じ、領地も七万四千石から二万四千石に大幅減録という厳しい処分を断行した。だが、三河時代以来、徳川家康の重臣であった譜代大名たる牧野家長岡藩は、辛《かろ》うじて生き残った。

廃墟《はいきょ》からの長岡復興を委ねられたのは、ともに象山門人の小林虎三郎と三島億二郎(一八二五—一八九二)であった。彼ら二人は、江戸の象山塾で机を並べて学問研鑽《けんさん》に励み、特にペリー米国艦隊の浦賀来航時には、恩師である象山の主張する開国論——横浜開港論の実行を求めて、当時、幕府の老中職にあった藩主や藩当局に相次いで建言した。だが、その勇気ある行動が、書生の分際《ぶんざい》で国家の政治向きに口出しをしたと断罪され、彼らは、即刻、長岡への帰郷謹慎という厳しい処罰を受けた。以来、二人は、戊辰戦争が終わるまでの十余年の間、同輩の河井が最高位の家老職にまで立身出世する栄華栄達の人生とは全く対照的《たいしょうてき》に、悲運の人生を耐えて生きなければならなかった。

だが、戊辰戦後、長岡の再生に向かっての最初の藩政人事となった、明治二年（一八六九）八月の藩政改革では、藩政を担う執政《しっせい》には、第十三代藩主に就任したばかりの幼君（忠毅《ただかつ》、第十一代藩主忠恭《ただゆき》の第四子、一八五九―一九一七）の補佐役として、代々、家老職にあった山本頼《やまもとたの》母《も》が就任した。その彼の下で、三島億二郎が実質的な藩政の最高責任者たる副執政に、そして虎三郎が人材養育を担当する文武総督《ぶんぶそうとく》に抜擢された。さらに同年十月には、維新政府の方針を受け、藩の行政を担う大参事《だいさんじ》の選挙が藩士の入札によって実施された。結果は、虎三郎が、山本や三島とともに大参事に選出され、翌十一月には維新政府から正式な任命の辞令が交付された。

はからずも藩政執行の最高位である大参事に就いた虎三郎は、すでに象山門下にあった青年学徒の時代から、恩師象山の思想を継承し、「政事《まつりごと》の根本は教育」という教育立国主義を持論としていた人物である。それ故、敗戦後の焼土の中からの長岡復興に立ち上がった彼は、何を差し置いても学校再建を復興事業の第一とすべく、すでに藩公職に就任する前の明治二年五月には、城下の寺院を借り受けて

小林虎三郎肖像（小金井権三郎、良精編『求志堂遺稿』所収、1893年）

仮学校を開校し、長期的な復興計画を担う人材育成のための教育活動を再開していた。

こうした折りに、長岡藩の惨状《さんじょう》をみかねた牧野家支藩の越後三根山藩《みねやまはん》（峰岡藩）から、明治三年の五月、緊急援助米として「米百俵」が送られてきた。たとえ遠縁に当たる支藩とはいえ、賊軍《ぞくぐん》の汚名《おめい》を着せられて断罪された宗家の長岡藩に、救援米を送ってくるには、相当な覚悟が必要であり、夢想《むそう》だにしえないことであった。老人や子どもを抱えて飢えに苦しむ長岡の人々にとって、この救援の「米百俵」が、単なる食糧としての「米百俵」の価値を超えて、どれほどの生きる光明となりえたか。それは計り知れない。何よりもまず、痩《や》せ細る命を明日に繋《つな》ぐ希望となった。人々は、早速に「米百俵」の分配を求めた。だが、長岡の復興を任された大参事の虎三郎は、藩祖以来の家訓である「常在戦場」の精神を思えば、飢えや寒さは、何としても凌《しの》ぐことができる。いな、三河武士の末裔《まつえい》である誇りを持って、明日のために今日を、何としても耐えて生き抜かなければならない。真に長岡の復興をはかるためには、子から孫へと幾世代もの時間と人材とが必要であると、彼は力説して譲らなかったという。藩士たちが三根山藩からの救援米の分配を求めて虎三郎を取り囲み、今にも刃《やいば》が飛び交いそうな迫真の場面《クライマックス》を想定した山本有三は、戯曲『米百俵』の中で、次のように虎三郎に語らせている。

もとより、食うことは大事なことだ。食わなければ、人間、生きてはゆけない。けれども、自分の食うことばかり考えていたのでは、長岡はいつになってもたちなおらない。貴公らが本当に食えるようにはならないのだ。だからおれは、この百俵の米をもとにして、学校を立てたいのだ。演武場を起こしたいのだ。学校を立て、道場を設けて子どもを仕立てあげてゆきたいのだ。しっかりした人物を養成してゆきたいのだ。この百俵の米は、今でこそただの百俵だが、後年には一万俵になるか、百万俵になるか、はかり知れないものがある。いな、米俵《こめだわら》などでは見積もれない、尊いものになるのだ。その日ぐらしでは、長岡は立ちあがれない。新しい日本は生まれないぞ。(2)

この命がけの説得で、虎三郎の「食えないから学校を立てる」という考えは、何とか受け入れられた。その結果、「米百俵」の代金を資金にして、藩立の国漢学校が新築され、その年の六月十五日には開校式が挙行された。初代校長に就任した虎三郎は、学問の根本目的は「修身斉家治国平天下《しゅうしんせいかちこくへいてんか》」(身を修め家を斉《ととの》えれば国治まり天下は平らかなり)の実現にあることを説く、中国の古典『大学』の講義を披露した。名著『大学』の説く学問の世界は、まさに虎三郎自身のそれであった。彼は、『大学』の名言を借りて、「人は何のために学ぶのか」という、自分自身が探求してきた学問観、教育観を開陳《かいちん》したといってよい。彼が、新築落成した学校で育成しようとした人材は、現代日本の学校教育が輩出するような、すぐに剥落《はくらく》してしまう知識や技術を詰め込んだ受験社会の偏差値エリートなどでは決してなかった。恩師の佐久間象山が提唱した「東洋道徳・西洋芸術」思想を体現し実践しようとする、気骨のある長岡人、いな日本人であったとみてよい。なお、長岡復興を担う人材育成の拠点となるべき国漢学校は、虎三郎校長の方針で、身分の別なく、誰でもが入学して学べる、全ての長岡の人々のために開かれた学校であった。

同校は、間もなくして洋学校と医学局を併設する。その後、国漢学校は、現在の長岡市立坂之上小学校に、そして洋学校の方は旧制長岡中学校を経て新潟県立長岡高校に、さらに医学局は長岡市立長岡病院へと発展した。特に長岡高校は、新潟県下で歴史と伝統を誇る屈指の名門校であり、戦前戦後を通じて、地元長岡や中央の各界に、多数の優秀な人材を輩出《はいしゅつ》してきた。

今から百三十年も前に、今日《きょう》の困窮を脱け出すために学校を作り、明日《あす》の人材を育成することこそが、真に郷土長岡の復興になる、と叫んだ虎三郎。逆境を生き抜いた彼の眼差《まなざ》しは、今を今だけの今とはみない。あくまでも今は永遠の過去を包摂《ほうせつ》し、永遠の未来を孕《はら》んだ今である。そんな彼が、百年を単位《スパン》とする歴史的な視座から、現代日本人の刹那的《せつなてき》な生き方を透視したならば、何と叫んで、華燭《かしょく》や惰眠《だみん》を貪《むさぼ》る現在の日本人に警鐘を鳴らし、覚醒《かくせい》を促すであろうか。

かつて虎三郎は、江戸での学問的大成への夢やぶれて、無念にも長岡に帰郷し、謹慎《きんしん》しなければならないという、青春の蹉跌《さてつ》に遭遇した。その後の彼は、世に出るあてのない蘭書翻訳や原稿執筆の日々を送った。それは、彼の人生の、二十代後半から四十代に相当した。何と苛酷なことか。明日への夢や希望を描けない、悶々《もんもん》とした閉塞《へいそく》の日々。挫折しがちな自分自身を、自ら慰め、癒《いや》し、鎮《しず》めんとしてか、あるいは明日への微《かず》かな希望に向かって自分を奮い起こさんとしてか、彼は、時折、近くの鐘楼《しょうろう》に登って天空を仰いだ。とある晴れた夜、彼は、自己の胸奥《きょうおう》を吐露《とろ》した「晴夜の吟」と題する、次のような気宇壮大《きうそうだい》な漢詩を詠んでいる。

小林虎三郎翻訳『察知小言』(オランダ語の西洋兵学書、長岡市立中央図書館蔵)

天ニ万古《ばんこ》ノ月アリ　我ニ万古ノ心アリ
清夜、高楼《こうろう》ニノボリ　欄《らん》ニヨリテイサ、
カ襟《きん》ヲ開ク
天上万古ノ月　我ガ万古ノ心ヲ照
ラス[3]

この虎三郎の詩は、ドイツの哲学者カント

(Immanuel Kant, 1724-1804) が『実践理性批判』("Kritik der praktischen Vernunft," 1788) の最後を締めくくった一文、すなわち「くりかえし、じっと反省すればするほど、常に新たに、そして高まりくる感嘆と崇敬《すうけい》の念をもって、心を満たすものが二つある。我が上なる星の輝く空と、我が内なる道徳律とである。[4]」という、あの名文を想起させる。永遠なるもの、普遍なるものに依拠《いきょ》して、有限なる自己の存在を捉え、その自己を真に人間らしい道徳律に従って生き抜くことは、人間として最も尊い生き方である。このカントの名文に相通ずる精神が、虎三郎の漢詩には感得される。囚《とら》われの身となった彼には、家老や藩軍事総裁にまで出世した畏友《いゆう》・河井継之助のような政治的手腕はなく、したがって俗世間の栄誉栄達《えいよえいたつ》をはかる華やかな人生などありえなかった。しかしながら、いかなる人間も有限なる存在である。が、それにもかかわらず、人間は、夜空に輝く「万古の月」のごとくに、永遠に繋《つな》がる「万古の心」を、自己の精神世界の内に宿している。いわば、人間存在の真義は、有限の無限化にある。それ故に彼は、毀誉褒貶《きよほうへん》の渦巻く俗世間を超越して、永遠なるもの、普遍なるものに依拠した「万古の心」に覚醒し、己自身《おのれじしん》がこの世を滅した後も、絶え間なく陸続する後の世の人々の人生に連続し、無限の流れに融合するであろう自己の有限の人生を、ひたすら誠実に生き抜こうとしたにちがいない。

幼少時から病魔《びょうま》に侵《おか》されて病に苦しんだ彼は、終生《しゅうせい》、その病身を生き抜き、明治の夜明け以降は、正式な姓名を「小林病翁《へいおう》」と改名したほどであった。そんな彼は、内に秘めたる豊かな学問の才を、存分に開花させることはできず、したがって世間からも評価されず、拍《はく》手喝采《しゅかっさい》を受けることはなかった。

悲願の学校建設が叶った翌年の明治四年（一八七一）の秋、彼は、藩の大参事など、一切の公職を辞し、長岡復興の全てを畏友の三島に託して長岡を去り、実弟の住む東京に移り住んだ。彼は、すでに上京する前に、文部省から「中博士《ちゅうはかせ》」（文部小丞と同格で、従五位に相当する官位。具体的には大学教授や教科書編修官などの役職）にと招聘《しょうへい》された[5]。だが、これを病気を理由に辞退していた。だが、上京後の彼は、残された日々を、それこそ病身に鞭打って、日本の教育近代化に不可欠な新しい教科書の編纂や翻訳教育書の校訂、最新の海外教育書の日本への紹介など、儒学思想の説く教育立国主義の実践的な活動を精力的に展開した。と同時にまた、恩師象山の著作の編集刊行など、学恩に対する報恩感謝の活動に、病身の晩年を燃焼させた。明治十年（一八七七）八月、妻子のない虎三郎は、東京にある実弟宅の一室で、静かに一期《いちご》の人生を閉じた。享年《きょうねん》五十。「米百俵」の主人公の生涯にふさわしい厳粛な最期《さいご》であった。象山門下の親友であった勝海舟は、日記に「小林病叟《へいおう》、死去の知らせ来る」と、敬愛する畏友《いゆう》の最期を書き記した。

第一章　山本有三による史実「米百俵」の作品化

(1)　長岡出身のドイツ文学者・星野慎一との邂逅

慶応四年（一八六八）五月、長岡藩軍事総督の河井継之助と新政府総督府軍監の岩村高俊《たかとし》（精一郎、土佐藩、一八四五―一九〇六）との会談、いわゆる「小千谷談判《おぢやだんぱん》」が決裂した二日後(6)、それまで武装中立の立場を保ってきた長岡藩は、ついに意を決して反政府側の奥羽列藩同盟に加わり、新政府軍と交戦した。だが、戦力の差は歴然。早くも開戦から四ヶ月後、明治と改元された同年の九月には、長岡藩は無条件降伏となった。

薩長両藩を中心とする幕府征討軍に圧倒された越後長岡藩は、戊辰戦争の後、それこそ筆《ひっ》舌《ぜっ》に尽くしがたい悲惨な窮乏生活を強いられた。城は焼け落ち、城下は灰燼《かいじん》と化し、藩士の家族をはじめとする多くの被災民たちは、雨風《あめかぜ》を凌《しの》ぐに住まいなく、その日の食べ物にも事欠く、塗炭《とたん》の窮乏生活を余儀なくされた(7)。このような窮状に対して、長岡藩の分家に当たる越後三根山藩から、敗戦の翌々年の明治三年(一八七〇)五月、急場を凌《しの》ぐ救援米として「米百俵」が送られてきた。

しかしながら、長岡藩の戦後復興の指導者に抜擢され、藩の重職に就いた小林虎三郎は、今後、幾世代にも亘《わた》るであろう長岡復興への長期的な道程《みちのり》を展望して、その援助米を食糧難に喘《あえ》ぐ藩士家族には分配せず、「食えないから学校を建て人材を育成するのだ」と主張して、郷土復興の最もの基盤である、人材育成のための学校建設資金に充てたという。治国富民を説いた中国の古典に、「一年の計は穀《こく》を樹《う》うるに如《し》くは莫《な》し、十年の計は木を樹うるに如くは莫し、修身の計は人を樹うるに如くは莫し」(『管子』)という名言がある。若くして儒学を極めた虎三郎は、儒学の経典『大学』に説かれた「修身斉家治国平天下《しゅうしんせいかちこくへいてんか》」という政治の理想を、自らの学問探究における政治信条としていた(8)。それ故に彼は、戊辰戦後の郷土復興に際しても、「政治の根本は人づくり」にあるという教育立国主義を貫いたわけである。そうした彼の、非情なまでの勇気ある決断と実行とは、まさに悲惨な戦争が生んだ美談として、今日では、日本国民、いな、広く世界の人々にまでも知れ渡るところとなった(9)。

だが、意外なことに、この「米百俵」という歴史的ドラマが、真に歴史的な事実として確認され、公にされたのは、山本有三の戯曲『米百俵』によってである、といわれる。しかも、それは、戊辰戦争から七十数年もの歳月が経った昭和十八年（一九四三）になってからのことであった。もちろん、その間には、地元長岡を中心に、戊辰戦争や小林虎三郎に関する書物が幾冊も刊行された。が、どこにも、「米百俵」についての記述はなかった。はたして、賊《ぞく》軍《ぐん》の汚名《おめい》を着せられたが故の沈黙か、それとも忌《い》まわしい惨禍《さんか》の故に忘却されてしまったのか。地元、長岡の人々でさえもが、「米百俵」の事実を知ることは全くなく、したがって後世に語り継がれることもなかったという。

そのような「米百俵」をめぐる逸話に初めて注目し、はたして、それが歴史的事実であるか否《いな》かの検証を執拗《しつよう》に試みたのは、作家の山本有三（一八八七―一九七四）が最初であった、というのが今日の一般的な理解である。その彼が、あたう限りの関係資料を蒐集《しゅうしゅう》して分析し、たしかな資料的裏付けをもって書き上げたのが、戯曲『米百俵』であった、ということである。しかも、それが出版されたのは、太平洋戦争の最中《さなか》の昭和十八年（一九四三）六月のことであった。その戯曲は、同じ月の内に東京劇場で上演され、一躍、全国に知れ渡るところとなった。

有三が描いた戯曲『米百俵』とは、数多い象山門人の中でも、吉田松陰（寅次郎）と共に「象門の二虎」と評され、将来の大成を嘱望された小林虎三郎を主人公とする、実に感動的な物語である。すでに文豪としての地位と名声を確立していた作家の有三が、いったい何故《なにゆえ》に、戊辰戦後における長岡復興の中心人物となった虎三郎に着目し、彼の教育的な軌跡を検証して、作品にまでしたのか。それは単なる偶然ではなかった。実は、有三と虎三郎とを繋《つな》ぐ重用人物《キーマン》が存在したのである。その人物とは、「米百俵」の舞台となった越後長岡の生まれで、しかも虎三郎が「米百俵」を基金に設立したという学校（旧制長岡中学校、現在の新潟県立長岡高校）の卒業生で、ドイツ文学者の星野慎一《ほしのしんいち》（一九〇九―一九九八）であった。星野と有三との出会いは、昭和戦前のことであり、当時、星野は私立成城高校（成城大学の前身となる旧制高校）の教授で、新進のドイツ文学者であった(10)。その彼が、有三の代表的な作品である『真実一路』を、ドイツ語に翻訳するという仕事が、両者を結びつける直接的な機縁となったのである。

ところで、有三と星野とは、年齢は親子ほども違う。だが、ともに東京帝国大学文学部の独文科卒業であり、したがって両者は同窓の先輩後輩という間柄にあった。有三が星野と出会ってから戯曲『米百俵』を書き上げるまでの経緯を、星野自身が、晩年に、論文「戊辰戦争と長岡藩――「米百俵」の原点を見つめる――」にまとめている。星野は、全国に知られるところとなった歴史的な美談「米百俵」の功労者は、それが歴史的な事実であることを徹底的に調査研究し、作品にまで仕上げた山本有三その人である、という。すなわち、「米百俵」

の史実は「有三によって掘り起こされた」ということを、星野は、その経緯を知る唯一の生き証人として後世に書き遺すべく、次のように述べている。

「米百俵」はもともと文豪山本有三の筆によって全国に広く知られるようになり、長岡人もその作品によって初めてこの事実を深く再認識し、戦後の復興の精神的なより拠をここに求めたのである。（中略）

少年時代から長岡の歴史に興味をもち、先輩たちの話に耳を傾けてきた私でさえ、特に長岡の人から「米百俵」の話を一度も聞かなかったことを、しるしておきたかったからである。

前市長小林孝平君は、私の中学時代（旧制長岡中学校）の親しい同級生であった。彼は「米百俵」の精神の顕揚《けんよう》のために多くの功績を残した市長だったが、山本有三の『米百俵』を読むまで全く知らなかった、と告白している。（中略）

この言葉からも推察できるように、当時の長岡人たちは「米百俵」の話を知らなかった。少なくとも、一般市民の意識の中には、「米百俵」はまったく存在しなかったのである。[11]

それでは、有三に「米百俵」の話を語り伝えた星野は、なぜ、そのような戊辰戦後の歴史的物語を知っていたのか。実は、この点についても星野は、詳細に述べている。それは、星野が旧制長岡中学校に在学していた当時（大正十一―十五年、一九二二―一九二六）、同校には「平松周治」という信州出身の気概に富む物理の先生がいた。その先生から、星野は三年次に受けた物理の授業中に「米百俵」の話を知らされたという。星野は、祖父が戊辰戦争に参戦した体験を有する故にか、長岡の維新史に非常な興味を抱く多感な少年であった。その星野が、平松先生から「米百俵」の話を聞かされたときの衝撃的な記憶を、次のように記している。

> 先生はめったに脱線しなかったが、或る時小林虎三郎について語ってくれたことがあった。ちょっと前かがみになって、真中が薄くなった頭髪を撫《な》でながら、「食べられないから学校を建てる！　きみたちは先輩のこの精神を忘れてはならんぞや。」半分は自分に言ってきかせているような、静かな、しんみりとした口調だった。先生のこの言葉は、私の心に、文字どおりしみとおった。少年の胸に積もりつもった維新史の点描を、目のあたりにみせられたような気がしたのである。(12)

日米開戦前の昭和十四年（一九三九）の晩春、名作『真実一路』を翻訳するという話を機縁に、著者である山本有三と出会った星野は、それ以降、東京三鷹の有三邸を幾度も訪れ、歓談する間柄になった。その頃の有三は、すでに齢《よわい》五十を過ぎ、学生時代から執筆しはじめた数々の戯曲や、長編小説の『生きとし生けるもの』『路傍の石』『真実一路』などの名作をものして、『山本有三全集』（全十巻、岩波書店、一九三九―一九四一）の刊行中であり、それらの作品が映画化されたり、あるいは何ヶ国もの外国語に翻訳されるなどして、すでに日本文学界を代表する「文豪」としての地位と名声とを確かなものとしていた。その有三が、あるとき、訪ねてきた三十歳前後の若きドイツ文学者の星野に対して、戦争へと向かう緊迫した異常な時局の話を切り出した。開口一番、有三は、その年の九月に締結された日独伊三国同盟に反対するなど、軍人ながらも勇気と度量《どりょう》に満ちた傑物《けつぶつ》として、当時、海軍次官であった山本五十六《やまもといそろく》大将（一八八四―一九四三）を讃《たた》えた。星野にとっては、同じ長岡の武家の生まれで、しかも旧制長岡中学校の出身でもある山本大将は、最も畏敬する郷土の大先輩であった。星野は、次のように記している。

山本五十六が話題になったので、急に私も活気づいた。山本は長岡社〔小林虎三郎の実弟で、衆議院議員であった小林雄七郎が中心となって設立した、長岡出身の苦学生を経済支援する育英団体〕の会合の席上で、幾度も謦咳《けいがい》に接した郷里の先輩ではないか。その人がいま、文豪に人間としてほめたたえられたことは、まったく思いもよらぬ出来事だったからである。

「山本次官も長岡か。長岡は官軍に反抗した小藩だったが、なかなか人物が出ているね。」とも、有三は言った。私は内心大いに得意になり、すっかり雄弁になった。私は維新当時の長岡藩の情勢を述べて、河井継之助と小林虎三郎の二人の人物について語った。語り終ってから、私は有三に言った。

「山本さんのような人物が長岡から出たのは、継之助や虎三郎と無関係ではないと思います。山本さんは継之助に私淑《ししゅく》しているときいています。悲運の英雄河井継之助のことを、なんとか小説に書いていただけませんか。」

文豪は私の話に真剣に耳を傾け、それを誠実に受けとめてくれた。それから一年半あまりたった或る日、私は招かれて山本邸を訪れた。彼は肘《ひじ》かけイスの上に胡坐《あぐら》をかきながら語りだした。

「河井継之助、いろいろ読んでみたがね、戦争にふみ切ったところが、どうもひっかかる。戦争って、けっきょく、みんなをひどい目に逢わすことだからな。おれだったら、さあ、これはむずかしい問題だが、やらなかったと思うな。いや、じっさいは、非常にむずかしいことだがね……。それよりもね、あの、食えないから学校を建てるという話、あれは、すばらしい。じつにいい話だな。ぜひ、あれをやってみたい。何か材料はありませんか。」(13)

有三自身もまた、『真実一路』を翻訳したいと、星野が夫人同伴で訪ねてきたことが、戯曲『米百俵』を執筆する契機になったことを述べている。

私が小林虎三郎を知ったのは、「土地なき民」の訳者として有名な、成城高等学校教授、星野慎一君のおかげです。そして、その星野君を知ったのは、同君がヘルタ・ヤーン夫人といっしょに、私の「真実一路」をドイツ語に訳したいといって、訪問された時からです。それは、昭和十四年の晩春のことですが、同じ年の暮れに、長岡の人である同君から、虎三郎の話しを聞いたのです。私は同君と知り合いにならなかったなら、おそらく、この話しは一生知らないで過ぎたでしょう。また、私に「真実一路」がなかったならば、あるいは、同君と近づきにならなかったかもしれません。そう考へると、この人物を知るに至った因縁は、「真実一路」にあるといえないこともありますまい。(14)

この有三の証言から、有三が星野と出会ったのは昭和十四年(一九三九)の晩春であることは、星野の証言と一致する。だが、星野から虎三郎のことを、すなわち「米百俵」の話を聞いたのは、「同じ年の暮れ」、つまりは昭和十四年の暮れであったと、有三は述べている。す

星野慎一訳『土地なき民』（全４巻、鱒書房、1940-1941 年）

ると、星野の記した「それから一年半あまりたった或る日」という証言との間には、時間的な食い違いが認められる。はたして星野のいう通りならば、有三が虎三郎の話を聞いたのは翌十五年の晩秋ということになる。しかし、後述するように、有三が、虎三郎に関する調査研究に着手し、その成果を講演などで話しはじめるのが「昭和十六年以来」のことであり、さらにラジオ放送で「米百俵」の講演をするが「昭和十七年五月」という時間的な経過を辿《たど》って検証すると、そのときから六十数年もの長い歳月が経過した平成六年（一九九四）の、歳《よわい》八十を過ぎた晩年の星野の回想的な証言よりも、昭和十八年に『米百俵』を出版したときに、同書の「はしがき」に記した有三自身の記述の方が、証言としては確かであるとみてよい。

ところで、上記の引用文に記されているように、有三が出会った当時の星野は、すでにドイツ人ハンス・グリム（Grimm Hanns, 1875–1959）の代表作である大著『土地なき民』（全四巻、東京・鱒《ます》書房刊、一九四〇—一九四一。原著は"Volk《フォルク》 ohne《オーネ》 Raum《ラウム》", 1926）の日本語訳を完了し、その出版に取り組んでいた時期であった(15)。

なお、有三が、何故《なにゆえ》に虎三郎に注目し、調べる気になったのか、という点については、後に雑誌『改造』に掲載されることになる最初のラジオ講演の中で、彼は、次のように説明している。

いったい私が、なぜ小林虎三郎という、あまり世間に知られていない人のことを、調べる気になったのかと申しますと、山本〔五十六〕大将をはじめとして、長岡の町からは、人物が実にたくさん出ているからであります。現帝大名誉教授のうちの、最も年長者のひとりである小金井〔良精〕博士―これは小林〔虎三郎〕先生の甥《おい》にあたられる方であります。その小金井博士であるとか、あるいは、日清戦争の時に、高千穂艦長として令名《れいめい》をうたわれ、のちに呉鎮守府《くれちんじゅふ》司令長官となった野村〔貞〕中将〔河井継之助の甥〕、それから、さきに司法大臣、内務大臣、厚生大臣などを勤められた小原直氏、もと東京帝国大学総長、小野塚〔喜平次〕博士、前のアメリカ大使であって、アメリカからたいへん尊敬された斉藤博氏、もと特命全権公使、堀口九万一《くまいち》氏、明治時代の洋画界の元老、小山正太郎氏、小山氏の弟で、海軍造兵総監に進まれた、工学博士、小山吉郎氏、陸軍軍医監で日本赤十字社病院の院長になられた西郷〔吉弥〕博士、また、実業方面では、大橋佐平氏〔一八三五―一九〇一、出版社の博文館の創業者〕、大橋新太郎氏〔一八六三―一九四四、大橋佐平の三男で博文館の経営を継承〕、橋本圭三郎氏、こういうふうに、一々、数えあげていきますと、時間がなくなりますから、名前をあげることは、やめにいたしますが、とにかく、人物が実に出ているのであります。（中略）

長岡藩は、御一新《ごいっしん》の際、官軍に歯向《はむ》かったために、町は戦乱のちまたとなっております。それも一回だけではない。官軍にとられたり、あるいは、官軍から取りもどしたり、さらにまた、奪い返されたりというようなわけで、長岡は三度も兵火にかかり、町はすっかり焼け野が原となってしまったのであります。こういう焼け野が原の中から、どうしてこんなに人物が出たのであるか、私はここに疑問を持ったのであります。これが薩摩とか、長州とかいうような、官軍方の大きい藩であるならば、引きがあり、手づるがあって、人物も出やすいのでありますが、官軍に歯向かった藩でありますから、手づるなどというものは、全くありません。町は焼け野が原である。この中から、人材がたくさん出たという事は、ちょっと普通では考えられないのであります。ところが、ここに小林虎三郎という人物がおりまして、この人が非常にこの点に力をつくしたのであります。そこで私は数年前から、ひまひまに、この人の事を調べだしたわけなのであります。(16)

(2) 虎三郎に関する調査・研究と論文・戯曲の執筆

長岡出身の星野との出会いを契機として、有三における戊辰戦後の越後長岡を舞台とした逸話「米百俵」への注目があり、その作品化への準備がはじまった。ときあたかも、太平洋戦争の開戦前夜であった。戦時統制が拡大強化されていく厳しい時代状況の中で、まず有三は、はたして「米百俵」が史実であるか否かを検証すべく、虎三郎に関する資料の蒐集《しゅうしゅう》を開始した。物語の舞台となった越後長岡（新潟県長岡市）にも、自ら出向いて現地調査を行った。有三の、「米百俵」という歴史的真実の探究に傾注する誠実勤勉な姿勢と努力とは、歴史学者も顔負けするほどに徹底したものであった。

しかしながら、有三は、そうした調査研究の結果を、いきなり戯曲『米百俵』にまとめ上げたわけではなかった。彼自身が、「昭和十六年以来、私はおおやけの席で、小林虎三郎の話しを、何回かいたしております[17]」と、昭和十八年六月に出版する『米百俵』の「そえがき」に記している通り、真珠湾攻撃を端緒とする日米開戦の翌年、すなわち昭和十七年（一九四二）の五月に、彼は、ラジオ放送（東京放送）で、「隠れたる先覚者　小林虎三郎」という講演を行った。そして彼は、このラジオ原稿に「あとがき」と「そえがき」をつけて、虎三郎に関する最初の論文をまとめ、月刊雑誌『改造』（第二十四号、昭和十七年七月号）に発表した[18]。それは、ラジオ講演の演題と同じで、「隠れたる先覚者　小林虎三郎」という論文であった。ラジオ講演の内容を、ほとんどそのまま雑誌『改造』に掲載した有三の、この論考は、「おもに小林虎三郎のことと、国漢学校に関するもので、そのうちのある部分だけをしるしたもの(19)」であった。だが、その内容は、徹底した調査研究を踏まえた、極めて精緻《せいち》な学術論文と評してもよいほどの出来栄えであった。それもそのはずである。有三は、巷間《ちまた》の単なる俗物作家ではなく、東京帝国大学文学部独文学科を卒業した後、早稲田大学や明治大学で教壇に立つなど、教職の経歴を有する大学人であり(20)、また文学に関する学術講演なども幾度か経験していた。しかも彼は、「米百俵」に関する論文や講演をする前の昭和十六年（一九四一）二月には、前述のごとく『山本有三全集』（全十巻）が刊行中であり、さらに、その年の七月には日本芸術院会員に推挙されてもいた。そのように学識経験の豊かな、しかも大学人としての学究的側面をもつ文豪の有三が、それまでの自分自身の描いてきた文学的世界に通じる内容の歴史的な物語――戦後長岡の焼土の中から復興に立ち上がった虎三郎の、絶望の渦中にあって明日への希望を探究する建設的人生の軌跡――に共感し、精魂込めて書き上げた研究論文、それが「隠れたる先覚者　小林虎三郎」であった。そして、同論文の最後に付された「そえがき」もまた、同じく論文と評するに値するほどに充実した内容であった。それ故に、有三の論文「隠れたる先覚者　小林虎三郎」は、有三その人にしてなしうる研究の成果であり、流石《さすが》と評するに値する立派な出来映えであった(21)。

だが、その時点では、いまだ戯曲として作品化される『米百俵』という世界は誕生しておらず、そのような形跡すらも窺い知ることはできなかった。『米百俵』という戯曲のタイトルは、実に簡潔明瞭で、いかにも有三らしい命名《ネーミング》である。そのような特徴的なタイトルで、戊辰戦後の長岡を舞台に展開された虎三郎の教育的世界が、戯曲という形式で作品化され、最初に公表されるのは、翌年の昭和十八年(一九四三)に入ってからのことであった。それは、月刊雑誌『主婦之友』(昭和十八年一、二月号)に連載された、戯曲「米百俵」が皮切りとなった(22)。そして、同年六月には、先に発表した論文「隠れたる先覚者　小林虎三郎」と「あとがき」、それに「そえがき」を付して、一冊にまとめられた単行本として出版された作品が、『米百俵』であった。同書の表題をなす戯曲の部分は、早速、その月の内に、築地の東京劇場で公演され、戦時中にもかかわらず、大変な好評を博した(23)。

しかし、戯曲『米百俵』が出版されたときは、折悪《おりあ》しく太平洋戦争は激化の一途をたどり、戦力なき小国・日本は、紛れもなく敗戦に向かっていた。その年の二月には、米軍の進攻によって、日本軍はガダルカナル島撤退を余儀なくされ、四月には有三が尊敬した長岡出身の山本五十六は、連合艦隊司令長官としてソロモン群島で戦死していた。そして五月には、アッツ島の日本守備隊は全滅させられた。他方、日本国内では、当時の旧制の高校や大学の修業年限の短縮、徴兵猶予の停止、学徒出陣の開始など、まさに敗戦を暗示する戦時政策が矢継ぎ早に打ち出されていた。

そのような戦時非常体制の渦中で出版された有三の戯曲『米百俵』は、ある意味では、時代に逆行し、戦争を批判する内容として読み取れる作品であった。すなわち長岡藩が、賊軍の汚名を着せられて勝ち目のない戊辰戦争に踏み切ったこと、その結果、藩士はもちろん、一般市民にまで多くの死傷者が続出し、その日の住居や食物にも事欠く悲惨な窮乏生活を強いられるに至ったことなどは、無謀にも日米開戦に突入した、当時の日本の戦時状況と重なり合う情景とみられても致し方のない内容であった。さらには、主人公である虎三郎が、戊辰戦後の灰燼と化した絶望的な状況の中にあって、郷土長岡の復興を担う人材の育成こそが急務であると教育立国主義を掲げ、長岡の人々の生きる希望の象徴としての学校建設に身命を賭《か》けた誠実一路の勇姿は、当時の軍部関係者にとっては、戦争の悲惨さを告発し否定する反国家的な姿と映ったに違いない。それ故に、敗戦後の日本の姿を暗示し批判するような内容の戯曲『米百俵』という有三の作品は、当然のことながら反戦戯曲として、政府や軍部の弾圧の対象となり、書店に置かれた残部までもが自主回収のやむなきに至った(24)。

ところで、『米百俵』の主人公である虎三郎の縁戚に連なる作家の星新一（星製薬株式会社や星薬科大学の創立者・星一《ほしはじめ》の嫡男、一九二六―一九九七）は、自著『祖父・小金井良精《こがねいよしきよ》の記』の中で、有三が『米百俵』を出版し、それを世話になった良精〔虎三郎の甥、東京大学医学部名誉教授〕に贈呈したことを記している。そのとき、いまだ旧制中学校〔東京高等師範学校附属中学校〕の生徒であった星は、東京の祖父の良精邸〔本郷曙町〕に同居して通学していた関係で、有三の『米百俵』を読んだという。彼は、後日、祖父の生涯をまとめるに当たって、再び『米百俵』を読み返してみて、その内容が、日本人が太平洋戦争の後に体験した窮乏生活と重なり合う印象を抱いたという。そのときの強烈な印象を、彼は、次のように記している。

この本が発行された時、良精が著者に資料を提供したため、うちに贈呈本がとどいた。戦争末期である。私も読んだ記憶がある。しかし、のちに読みかえしてみて、たちまち心を奪われた。戯曲として名作であることより、第二次大戦の敗戦後の日本を、正確に予見している点についてである。せりふの一つ一つが、昭和二一年ごろの日本に、すべてあてはまる。あの戦争中、敗戦後の心がまえを示す作品を、よく発表できたものだ。(25)

(3) 単行本『米百俵』の出版——その内容と特徴

有三の書き上げた作品『米百俵』は、昭和十八年(一九四三)の六月二十日付けで、新潮

山本有三著『米百俵』(初版、新潮社、1943年)

社から出版された(26)。四六判で二二〇頁、定価は一円三〇銭。戦時中の物資不足で紙質の悪い単行本であった。同書の内容は、まず中扉には、虎三郎の処女論文「興学私議《こうがくしぎ》」(安政三年、虎三郎が三十二歳のときの作品)の第一頁の写真を掲げ、次には「目次」に先だって、「はしがき」が記されていた。昭和五十年(一九七五)に、長岡市役所から復刻された『米百俵　小林虎三郎の思想』では、この「はしがき」は削除されていた。だが、この「はしがき」こそが重要なのである。そこには、有三が『米百俵』を執筆するに至った動機や経緯、さらには『米百俵』の主人公である虎三郎に対する、有三自身の共感的な思い入れの感情が、端的に表現されていたからである。その概略を、以下に紹介しておきたい。

まず冒頭には、いかに「人をつくる」という教育事業が大事かということが説かれている。

「米をつくれ。」「船をつくれ。」「飛行機を作れ。」と、人々は大声で叫んでおります。もちろん、今日の日本においては、これらのものに最も力をつくさなければならないことは、いうまでもない話しであります。しかし、それにも劣らず大事なことは、「人物をつくれ。」という声ではありますまいか。長い戦いを戦い抜くためには、日本が本当に大東亜の指導者になるためには、これをゆるがせにしたら、ゆゆしき大事と信じます。(27)

太平洋戦争の渦中で、軍部はもちろん国民世論の大勢が、戦争遂行に必要な米や船、そして飛行機の増産を叫んでいたときに、有三は、『米百俵』という著書を通して、人づくりという教育の重要性を訴えた。それでは、人づくりの重要性を説くのに、なぜ、虎三郎なのか。そして長岡を語るのに、なぜ、戊辰戦時の英傑・河井継之助ではなく、無名で地道な虎三郎であったのか。このような一般読者が抱くであろう素朴な疑問に応えるかのように、有三は、自分の文学作品の全体を貫通する人間の真に人間らしい生き方、すなわち、いかなる絶望の中にあっても、明日への希望の灯火《ともしび》を掲げて誠実に自己を生き抜く人生の素晴らしさ、尊さ、その姿を虎三郎の生き方にみいだした、とみてよい。すなわち、虎三郎が貫いた真実一路の人生にこそ、有三は、共感し、共鳴したとみてよい。有三自身、当時の己自身の人間賛歌に燃える熱い胸の内を、次のように吐露する。

長岡といへば、すぐ河井継之助を連想するくらい、継之助の名は、広く天下に響いております。長岡の町を焼け野が原としてしまった人は、これほど世にもてはやされておるのに、焼け野が原の上に立って、「人物をつくれ。」と説いた人の名は、ほとんど全く伝へられておりません。目立たない事に力をつくした人というものは、とかく世間から顧《かえり》みられないものです。継之助を継之助として認めることは、もとより当然ですが、しかし、一方、これだけの人物を、このまま埋もれさせておく事は、どんなものでしょう。そこで私は、この人の紹介を思い立ったのです。埋もれている人というのは、小林虎三郎という人物です。(28)

星野が、東京三鷹の有三邸で歓談し、話題がともに敬愛する海軍大将山本五十六に及んだとき、星野は、山本大将が長岡出身で戊辰戦時の英傑・河井継之助に私淑《ししゅく》していたことに言及した。そして恐れ多くも国民的な文豪である有三に対して、星野は、「悲運の英雄河井継之助のことを、なんとか小説に書いていただけませんか」と懇請《こんせい》した。これを受けて有三は、幕末維新期の長岡藩の動向、継之助や虎三郎の人物像について、可能な限り調べあげた。その結果、有三が書きたいと思ったのは、「長岡の町を焼け野が原としてしまった人」ではなく、「焼け野が原の上に立って、人物をつくれ、と説いた人」、すなわち虎三郎であった。それ故に、有三の描いた戯曲『米百俵』は、まさしくヒューマニズム作家としての有三が、一貫して追求してきた自分自身の文学的世界を表現するに値する作品だったのである。

　以上のような充実した内容の「はしがき」の後に、「目次」がきて、その次に本書の中心をなす二幕物の戯曲「米百俵」と、それに関する詳細な「注」とがくる。さらに、その後に、彼が戯曲「米百俵」を執筆する前に、苦心惨憺《くしんさんたん》して調査研究してまとめた「米百俵」に関する最初の成果、すなわちラジオ放送の講演原稿となった「隠れたる先覚者　小林虎三郎」が続く。そして巻末には、「そえがき」が収められていた。この「そえがき」は、有三が、『米百俵』を単行本として刊行する際に書き下ろした原稿と推察される。五十頁にも及ぶ「そえがき」もまた、質量共に充実した内容で、歴史学研究の観点からみても、かなり質の高い出来映えの論文と評することができる。徹底した史料吟味《テキスト・クリティーク》を踏まえて、それこそ「虎三郎の真実一路」に迫ろうとした有三の、誠実で手堅い研究成果を示す内容であった。それ故に、この「そえがき」こそは、放送原稿「隠れたる先覚者　小林虎三郎」の土台となり、そして戯曲「米百俵」を生み出す源泉となった、いわば『米百俵』という作品全体の「執筆ノート」という重要な役割をはたすものであったとみてよい。

第二章　封印された「米百俵」の主人公と送り主

(1)　著作物における虎三郎と三根山藩の欠落

山本有三『米百俵』の刊行前における状況

はたして偶然の必然とでもよぶべきなのか。文豪の山本有三は、奇しくも長岡出身のドイツ文学者・星野慎一との邂逅《かいこう》を機縁に、戊辰戦後の長岡藩を舞台とした歴史物語「米百俵」と出会った。彼は、その逸話が史実であるか否かを、綿密な調査検討を踏まえて確認し、やがて、それを彼自身の文学的世界の中に、戯曲『米百俵』として織り上げた。時代は、太平洋戦争で、日本が敗戦へと向かう昭和十八年（一九四三）六月のことであった。この戯曲『米百俵』という作品の誕生によって、それまでは、戊辰戦争で散った長岡藩の軍事総督・河井継之助の勇名に隠れて全くの無名であった、戊辰戦後における長岡復興の立役者である小林虎三郎という人物が、日本の内外に広く知れ渡るところとなった。今や、『米百俵』といえば虎三郎のこと、虎三郎といえば『米百俵』のこと、と多くの日本人に想起されるほど有名になったのである。

ところで、『米百俵』の主人公である虎三郎に関する伝記その他の著作物は、地元長岡の関係者や歴史家たちによって、彼が病没してから十数年後の明治中期から顕れはじめた。以来、昭和十八年に、有三の『米百俵』が刊行されるまでの約半世紀の間には、幾冊もの関係書が世に出された。しかしながら、それらの書物には、「米百俵」の話は全く記されていなかった。例えば、前述した虎三郎に関する唯一の遺稿集ともいうべき『求志洞遺稿』を筆頭に、坂口五峰（一八五九—一九二八、坂口安吾の父）が著した『北越詩話』（乾坤《けんこん》二冊、一九一八—一九一九）(29)、あるいは黒頭巾《くろずきん》こと横山健堂著『旧藩と新人物』（一九一一）(30)、さらには山崎有信著『幕末血涙史』（一九二八）(31)などには、虎三郎が、分家の三根山藩から送られてきた「米百俵」を資金として藩立学校を創設したという逸話は、全く書き記されてはいなかった。

戊辰戦争の直後に生まれた歴史的な出来事——「史実」としての「米百俵」の成立は、後述するように、塗炭《とたん》の苦しみに喘《あえ》ぐ宗家長岡藩の人々に、支藩である越後三根山藩から救援米「米百俵」が送られてきたという厳粛《げんしゅく》な歴史的事実に由来する。したがって、もしも三根山藩が、長岡藩に「米百俵」を送らなかったならば、この歴史的な物語は誕生しなかったわけである。だが、この歴史的な出来事、すなわち史実としての「米百俵」という物語の存在自体、山本有三が『米百俵』という戯曲に作品化するまでは、地元長岡においてさえも、全く語り継がれてはいなかったという。ましてや、「米百俵」を贈った三根山藩の存在や宗家長岡藩に対する徳行もまた、歴史の裏側に封印され忘却されていた、というわけである。

戯曲『米百俵』が昭和十八年に出版され、それが東京で上演されてからは、たしかに「米百俵」が三根山藩から送られてきたという歴史的事実については、簡潔な記述が散見されるようになった。だが、戊辰戦後の混乱期に「米百俵」を送った三根山藩が、自らも政治的な苦悩と経済的な困窮に喘ぐ、まさに藩の存亡に関わる難局の渦中で、宗家長岡藩への忠誠と報恩の証《あかし》として救援米「米百俵」を送り出した、という歴史的事実に着目する著作物は、全く生まれなかった。もちろん、三河武士である牧野家の家訓に説かれた義理や廉恥の武士道精神を貫く三根山藩の関係者が、「米百俵」に関わる自らの行動を、世間に誇るべき美談として語ることは決してなかった。

以上に述べたような諸々の事実を確認すべく、次に三根山藩から「米百俵」が送られたという歴史的事実が、これまでの先行研究において、どのように取り扱われてきたかを検証していきたい。

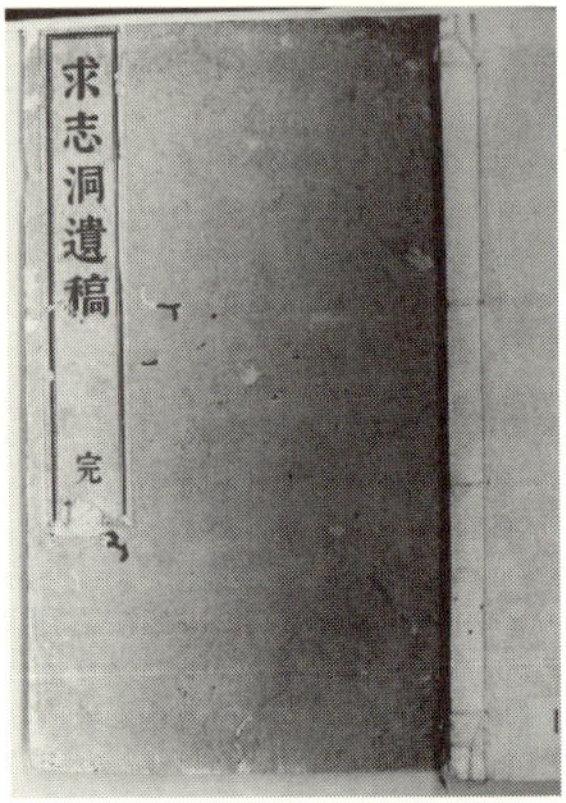

小金井権三郎、良精編『求志堂遺稿』（1893年）

まず第一に、『米百俵』の主人公である虎三郎に関係する著作物で、最初に公刊されたのは、前述のごとく『求志洞遺稿』であった。同書は、虎三郎の没後十七年目に当たる明治二十六年（一八九三）八月、虎三郎の外甥に当たる小金井権三郎・良精の兄弟が、虎三郎の漢詩文を中心とした遺稿を可能な限り蒐集《しゅうしゅう》し編纂《へんさん》したもので、和装の私家本として刊行された。同書の冒頭には、江戸の象山塾で虎三郎とは同門の仲で、終生、親交の深かった勝海舟（一八二三―一八九九）の揮毫《きごう》「懐抱秋水清　癸巳初夏　題旧友小林乕兄《ていけい》ノ遺稿　海舟安芳」という墨書が掲げられていた(32)。さらに続いて、同じく同塾同門の後輩で、生涯に亘る深い友情を結んだ北沢正誠《まさなり》（一八四〇―一九〇一）の序文が記されていた(33)。その北沢とは、恩師象山と同じ信州松代藩の出身で、維新後は外務省書記官や華族女学校学監などを歴任し、また外務省記録局時代の明治十五年には、外交史料『洋学先哲碑文』（上下二巻）を編輯《へんしゅう》した学識に富む人物であった。その北沢は、恩師象山の亡き後、その学恩に報いるべく、常に象門先輩の虎三郎や海舟、あるいは文部大丞を勤めた小松彰（一八一九―一八八八）などと、常に連絡を取り合いながら、恩師象山の遺稿集の編纂や顕彰活動に尽力した報恩の心の厚い人物であった(34)。

同書には、上記のような象門同輩の三氏に続いて、実質的な編輯兼発行者であった甥の小金井権三郎によって、虎三郎に関する最初の伝記「小林寒翠翁《かんすいおう》略伝」（寒翠は、虎三郎の別号）が収められていた(35)。だが、そこには、肝心の三根山藩から長岡藩に救援米「米百俵」が送られてきたこと、そして教育立国主義を説く虎三郎の発意で、その売却代金が人材育成のための学校建設費に役立てられたこと、等々に関する記述は全くみられなかった。参考までに、三根山藩から「米百俵」が送られる前後の時期についての同書の記述を紹介する。

> 明治二年、藩主牧野忠毅《ただかつ》君、翁（虎三郎）を起して政に与《あずか》らしむ。川島（象門畏友《いゆう》の三島億二郎）及び同志の諸士、荐《しき》りに職に就かんことを勧む。翁已《や》むことを得ず、遂に疾《やまい》を力《つと》めて之に応ず。以て藩の大参事に任ず。常に家に在りて文武の政務を統督《とうとく》す。尋《つい》で朝廷翁を徴《め》して、文部省の博士に挙ぐ。翁病を以て之を辞す。蓋《けだ》し朝臣《あそん》中《ちゅう》翁を知る者ありて、之を薦挙《せんきょ》すればなり。維新前後、戦功を以て朝に事《つか》ふる者多しと雖《いえど》も、学問道徳を以て徴《ちょう》さるる者、亦甚だ多からず。其の身事《つか》えずと雖も、名誉も亦大なりと謂《い》うべし。明治四年の秋、病少しく緩《かん》なるを以て、東京に到る。安政元年罪を得て国に退いてより、已《すで》に十八年を過ぐ。（中略）爾来《じらい》郷（長岡）に還らず。後、向島（現在の東京都

墨田区向島）に卜居《ぼっきょ》す。（36）

虎三郎の伝記を収めた『求志洞遺稿』が刊行されてから六年後、すなわち明治三十一年（一八九八）には、藤原銀太郎編『近世越佐人物伝』が出版された(37)。書名からして当然のごとく、同書には「小林虎三郎」が取り上げられていた。

藤原銀太郎編『近世越佐人物伝』
（1898 年、長岡市立中央図書館蔵）

だが、その内容は、先の『求志洞遺稿』に収められた小金井権三郎編「小林寒翠翁略伝」の内容を簡潔に要約したものに過ぎなかった。したがって、そこには、三根山藩から「米百俵」が送られたという事実は、全く記されていなかったのである。

「米百俵」の事実を最初に紹介した『長岡教育史料』

明治期においては、戊辰戦後に三根山藩から「米百俵」が恵送されてきたことに関する記述は、全くみられなかった。そのような状況の下で、最初に「米百俵」の事実を記した著書が刊行された。それは北越新報社編『長岡教育史料』で、虎三郎が病歿してから四十年後の大正六年（一九一七）三月のことであった(38)。同書は、地元長岡の新聞社である北越新報社が、約一年間に亘り、「初等教育より中等教育に及び、公立県立共立私立の各種学校機関に至るまで、殆《ほとん》ど長岡に於ける教育事業に関しては細大漏《さいだいもら》す所なく網羅《もうら》」した記事を連載し、それを同社が、一冊の単行本にまとめて刊行したものである。

同書には、戊辰戦後の「長岡藩士の疲弊《ひへい》は其絶頂に達し、住むに家なく喰《くら》ふに食なき悲惨なる境遇」という状況の中で、郷土復興を任された虎三郎や億二郎は、「子弟の教育」を復興事業の最優先課題と位置づけ、敗戦から一年も経ない明治二年（一八六九）五月には、城下の寺院内に仮学校を開設し、藩士子弟の教育を再開したこと、翌年の明治三年六月には念願の新校舎が落成し、校名も「藩立国漢学校」として開校するに至ったこと、そして学校の創設に際しては分家の三根山藩から救援米が送られてきたこと、だが戦後復興を担った虎三郎は、その救援米を食糧難に苦しむ藩士家族には分配せず、学校の建設資金に充当したこと、等々の歴史的な経緯が、当時の関係者の談話「西郷葆談《さいごうつつむ》」として記録されている。

北越新報社編『長岡教育史料』（1917 年、長岡市立中央図書館蔵）

〔寺院内の仮設学校は〕学校というべきものではなかったが、

大参事たりし小林虎三郎氏は、大にこれを改良して完全なる教育を子弟に施さんものと考慮された。偶《たま》ま明治三年に三根山藩士族より御見舞として、長岡藩士族へ米百俵を贈与し来たった。当時、戊辰戦乱の後を承け闔藩《こうはん》〔長岡藩〕の疲弊言語に絶したるより、士族多数の意向は、各自にこれが分配を希望したるも、独り小林氏は青年の前途を憂慮し断然衆議を排し自説を主張し、該米を以て学校資金となし、国漢学校を建設するの議を定められた。(39)

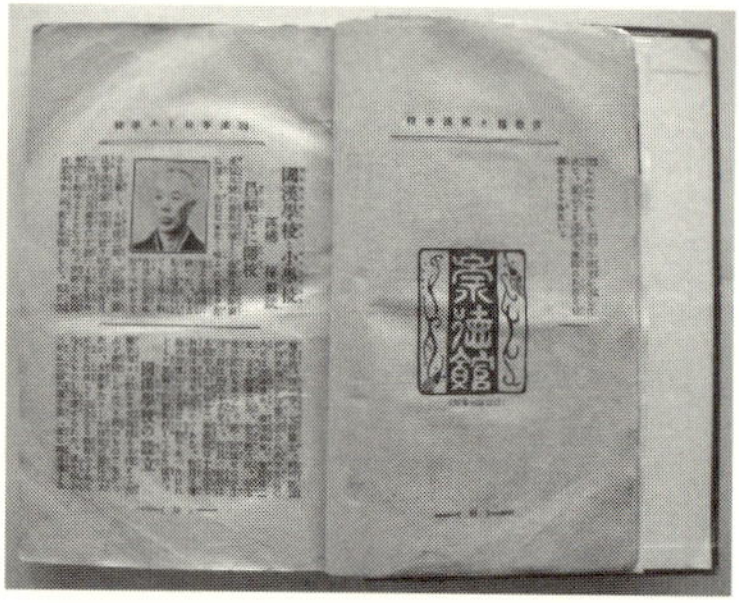

「西郷葆翁談」(『長岡教育史料』所収、長岡市立中央図書館蔵)

この証言内容は、まさに有三が描いた戯曲『米百俵』の世界そのものであった。この驚くべき談話の信憑性《しんぴょうせい》を裏付けるべく、談話者である西郷自身が、「これに就いては明治三年五月七日附を以て士族一統への布告がある」として示した史料的根拠が、次に掲げる長岡藩の公文書史料であった。

士正

三根山藩士族より、当藩士族へ、此節の見舞として百俵米贈与有之《これあり》、然る処、士族給与米の儀は三月中より面扶持《めんふち》に候へば、辛《から》くも目今の凌《しのぎ》は相成候筈《はず》に付、右百俵を以て文武両場必要の書籍器械の費《ついえ》に充《あて》候ば、闔藩《こうはん》〔長岡藩〕士族、両道稽古の一助にも相成、即ち三根山士族の厚意に戻《もと》らざる儀と評決いたし、其段取　計　候　間《そのだんとりはからいそうろうあいだ》此段為心得《こころえなされ》一統《いっとう》へ可有布告候也《ふこくあるべくそうろうなり》

五月

士族事務総裁(40)

かくのごとく、たしかな史料的裏付けをもって、極めて具体的に「米百俵」の出来事を最初に証言したのは、地元長岡の古老の「西郷葆」であった。西郷とは、いったい、いかなる人物であったのか。筆者は、本書を執筆中に、偶々《たまたま》、「西郷葆氏は国漢学校で句読を教えていられた方(41)」という記述に出会い、勇躍驚喜《ゆうやくかんき》した。はたして、それは事実であるのかどうか、その根拠を尋ねた。その結果、「西郷葆」という人物は、何と小林虎三郎が校長を務めた、前述の国漢学校の開校当時における教員であった。さらに国漢学校を淵源とする現在の長岡市立坂之上小学校の沿革史『坂之上の教育』（一九六九）には、「西郷葆」を含む開校当時の教員名が次のごとくに記されていたのである。

明治四年八月二十四日、開校当時の教授者は、三島億二郎（教師）、田中春回（準教師、

漢学）、西郷葆（教師心得、習字）、沢彦弥（教師心得、算術）で、三島億二郎は学校の監督、当時教師の年俸は六十両、教師心得は五十両であった。(42)

三根山藩からの救援米「米百俵」を開設資金に組み込んだといわれる藩立の国漢学校は、明治三年六月に開校し、初代校長には虎三郎が就任した。ところが、その年の十月には、長岡藩は廃藩となり柏崎県に併合されてしまった。その結果、国漢学校も、藩立から県立の長岡小学校となった。校長の虎三郎は、県当局より引き続き学校の責任者として「学校并《ならびに》演武場掛」を拝命した。だが、虎三郎は、翌年の八月、病気療養を理由に藩の公職を全て辞し、あたかも長岡藩の存亡と己の命運を共にするかのごとくに、郷里長岡を離れ、実弟の住む東京に移住してしまった。虎三郎の後を継いで校長となったのが、畏友の億二郎であった。上記の史料に「三島億二郎は学校の監督」と記されており、虎三郎の名前が見当たらないのは、以上のような理由からであった。

さらに「西郷葆」に関する重要な記述がある。廃藩置県の後の明治四年（一八七一）五月には、柏崎県から長岡地区の行政事務を担う地元役人としての「貫属《かんぞく》」（各区内の行政事務を統括する一名の「触頭」と、その下に配置された各区四名の「世話掛」）の任命があった。七区に分けられた長岡地区では、第一区の「触頭」には小林虎三郎が、第二区の「触頭」には三島億二郎が任命され、同時に西郷もまた第六区の「世話掛」を拝命していたのである(43)。すなわち「西郷葆」は、虎三郎や億二郎と共に、廃藩置県当時における長岡地方の行政事務に携わっていた、ということである。以上のような履歴からしても、「西郷葆」という人物は、当時の長岡にあっては、学校教育や行政事務等の面で要職を歴任した、かなりの名士であったことが判明する。

それにしても、北越新報社編『長岡教育史料』は、実に貴重な文献資料である。まごうかたなく、同書は、三根山藩から戊辰戦後の長岡藩に「米百俵」が恵送されたという歴史的事実を、校長の虎三郎が率いる国漢学校の元教員・西郷葆の証言をもって公に記録した最初の文献であった。そこには、後に有三が作品化する戯曲『米百俵』の筋書きが、すでに描かれていたのである。ところが、である。不思議なことに、以下に紹介するごとく、この後に刊行される「米百俵」に関係する文献、あるいは「米百俵」の主人公である虎三郎に関する文献においては、この貴重な文献である『長岡教育史料』は一顧だにされず、何故にか、その存在自体が封印されてしまったかのごとくに、看過され続けた(44)。実に驚くべきことである。

なお、『長岡教育史料』が刊行された二ヶ月後、すなわち大正六年（一九三一）五月、同じ北越新報社から今泉鐸次郎著『長岡三百年の回顧』が刊行された。同書は、牧野家の長岡就封《しゅうふう》三百年を記念する出版であり、それ故、内容は「牧野家の治世下における長岡の三百年史」であった。その最後に「戦後の長岡」という一節が設けられ、「〔戊辰〕戦後の長岡の後始末は、主として小林、三島等に依りて処理」されたこと、「国漢学校を起こして子弟の教育」を振興したこと、などが叙述されていた。だが、三根山藩から「米百俵」が恵送されたことは、全く触れられてはいなかった(45)。

しかしながら、国漢学校の設立に関する虎三郎の功績に関しては、あたかも山本有三の戯曲『米百俵』の原型か、と思われるような内容で、次のごとくに活写されていた。

小林病翁は、〔戊辰〕戦後直ちに教育事業を起すを急とし、これが施設に力《つと》めたる際、藩士中「今日食うことも出来ぬ始末なるに学校とは何事ぞ」と迫れるに対して、病翁は「食うことが出来ぬればこそ教育が必要である」と答えた如くに、長岡は郷先輩の達識遠慮《たっしきえんりょ》に依りて乱離困頓《らんりこんとん》の際、早くも教育事業に着意《ちゃくい》し、人材の養成に力めたる結果、北越辺陬《へんすう》〔片田舎〕の小藩の割合に維新後今日迄に多くの人材を出したのである。(46)

『長岡教育史料』を黙視した著作物の続出

『長岡教育史料』が刊行されてから五年後の大正十一年(一九二二)六月には、国幣中社弥彦神社《こくへいちゅうしゃやひこじんじゃ》・越佐徴古館《えっさちょうこかん》から『越佐維新志士事略』という書物が出版された(47)。たしかに、そこに虎三郎についての記述はある。だが、これまた前述の『近世越佐人物伝』と同様、小金井権三郎編「小林寒翠翁略伝」の内容を平易に要約したものに過ぎなかった。『長岡教育史料』を参考文献とした形跡は認められず、したがって三根山藩から「米百俵」が送られたという歴史的事実についても全く触れられてはいなかった。

続いて昭和四年（一九二九）には、長岡の出身で、藩立学校をルーツとする旧制長岡中学校の教員であった「広井一」という人物の『明治大正　北越偉人の片鱗《へんりん》』という著書が刊行された(48)。同書には、北越の偉人が数多く取り上げられており、特に虎三郎と共に長岡藩から江戸の象山塾に藩費遊学した三島億二郎が、河井継之助と共に北越偉人の代表格として詳細に取り上げられていた。たしかに億二郎は、松蔭や海舟と同時期に象山塾へ入門し、東西両洋の学問を学んだ学識豊かな人物であり、戊辰戦後には、畏友の虎三郎と二人三脚で焼土長岡の復興に奔走した功労者であった。億二郎を、長岡復興の偉人と評価するのは極めて妥当なことである。だが、何故《なにゆえ》にか、虎三郎の方は、全く取り上げられてはいなかったのである。したがって、当然のことながら、三根山藩から「米百俵」が

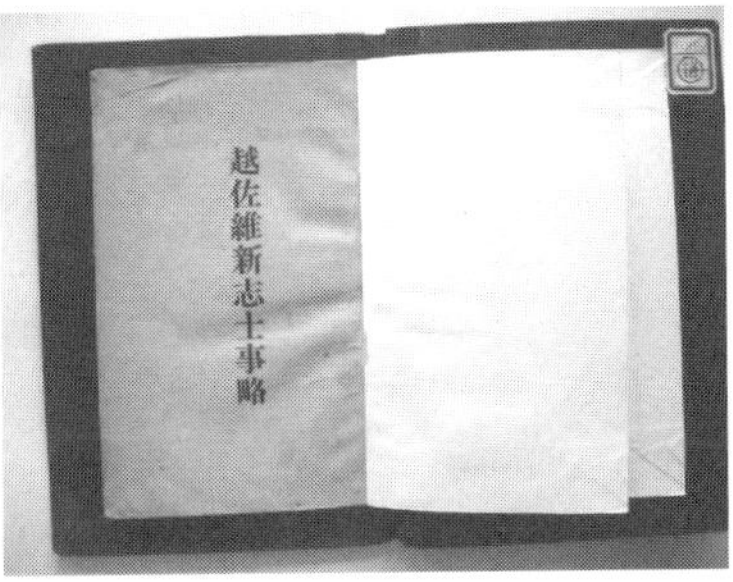

『越佐維新志士事略』（弥彦神社・越佐徴古館、1922年、長岡市立中央図書館蔵）

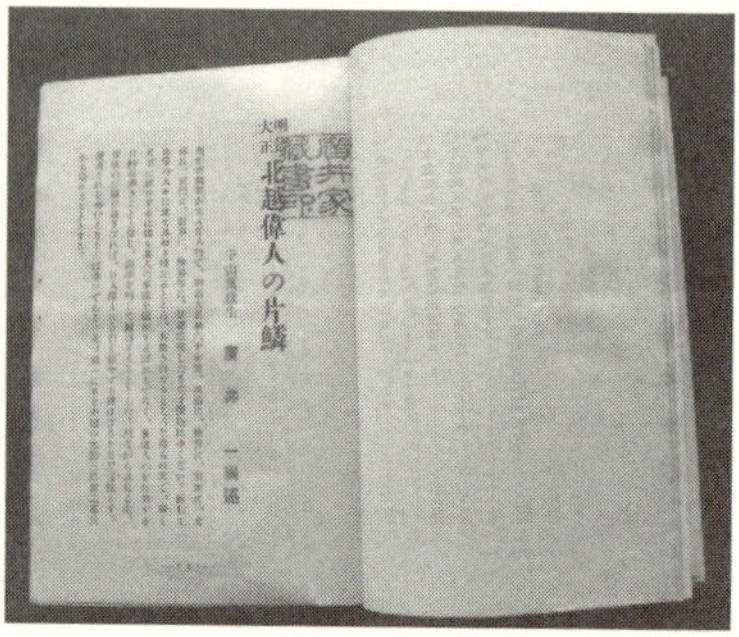

広井一著『明治大正　北越偉人の片鱗』
（1929年、長岡市立中央図書館蔵）

送られたという事実に関しても、同書では触れられていなかった。ところが、不思議なことに、同書の著者である広井という人物は、何と『長岡教育史料』の編集刊行に関わった中心人物であった。すなわち広井は、『長岡教育史料』の刊行に際しては、巻頭の序文を執筆し、さらに同書の編集過程でも、「予《よ》も又、（同書の編集刊行の）発議者として且つ教育家の談を聴くを喜ぶを以て、時間の許す限り教育に関係ある諸氏を訪問して有益の談話を聴取し、又自ら揣《はか》らず長岡中学校に関する事項を説話するにいたり足り(49)」（同書の「序」）と記している通り、同書の編集刊行には、極めて重要な役割をはたした人物であった。そのような広井が、何故に、虎三郎を取り上げず、「米百俵」の逸話を無視したのか。

実は、『長岡教育史料』を刊行した北越新報社とは、長岡市内に並立していた二つの新聞社、すなわち越佐新聞社（明治三十三年五月に創立の「長岡鉱業新報」が前身）と長岡日報社（明治二十七年五月に創立の「長岡商業日報」が前身）とが、明治四十年（一九〇七）四月に対等合併して出来た新聞社であった。その経営陣の中には、何と前述の広井が、「副社長」という要職で入っていたのである(50)。何故なのか。そもそも広井一（一八六五～一九三四）という人物は、「私の青年半生は教育事業にあった」と述懐しているごとく(51)、長岡中学校（現在の県立長岡高校）の前身の長岡学校を卒業後、さらに上京して東京専門学校（早稲田大学の前身）に学んだ。そして、卒業と同時に、彼は母校の長岡学校の教員に迎えられた。その後は、越佐新聞の主筆に転じ、新聞界、経済界で活躍し、明治二十六年（一八八三）には新潟県の県会議員に当選した。地元長岡で多彩な経歴を誇る広井は、先の『長岡教育史料』の刊行時には、「長岡銀行常務」という肩書きをもって、前述の西郷の談話に続いて、「長岡の中等教育」という標題で、自分自身の生徒として、あるいは教員として体験した長岡中学校時代を語った、非常に長文の談話を載せていたのである。なお、広井は、長岡の新聞二社の合併に際しては、すでに合併前に、長岡日報社から北越新報社に推挙されて経営陣に名を連ねており、長岡を中心とする中越地方の銀行界や新聞界を代表する実力者であった。以上のごとくに広井は、輝かしい経歴と地位とを併せ持つ長岡切っての名士であったが故に、『長岡教育史料』の編集刊行には、大きな発言力を持って関わっていたのである。

広井一肖像（長岡高校記念資料館蔵）

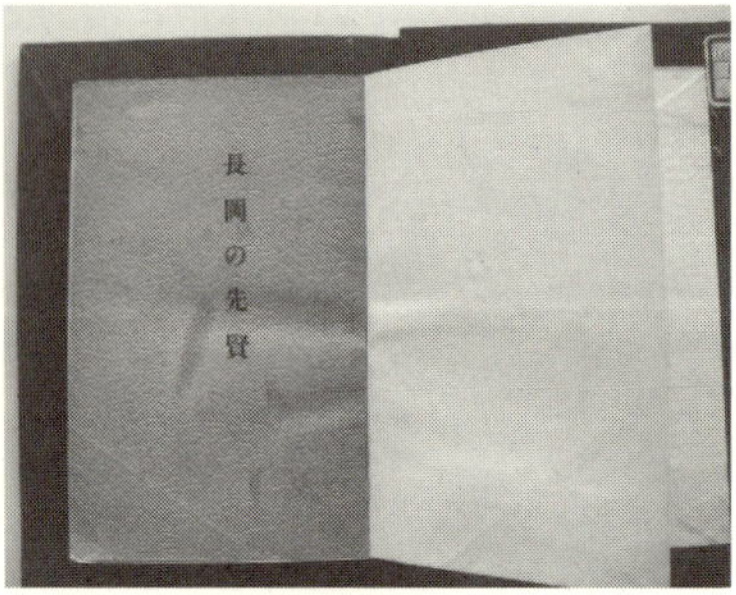

若月赳夫著『長岡の先賢』(1931 年、長岡市立中央図書館蔵)

このような経歴を持つ広井であってみれば、自らが編集に関わった『長岡教育史料』に収められた国漢学校の元教員・西郷葆の「米百俵」に関する談話を、承知していないはずはなかった。広井からみれば、西郷は母校の恩師筋にあたり、面識がなかったとは、到底、考えられない。いったい、何故に広井は、虎三郎を無視し、西郷が詳述した三根山藩の「米百俵」の件に触れなかったのか。実に不思議なことである。このことは、戊辰戦争から百五十年近くの歳月が過ぎた現在からみれば、戊辰戦後の長岡史に関する実に異例な歴史理解といわざるをえない。だが、むしろ、広井における虎三郎の理解や「米百俵」の扱い方に窺い知れるような、戊辰戦後の長岡藩に対する歴史認識こそが、広井の著書が刊行された昭和初期という明治維新に連続する時代においては、長岡藩を含めた北越地方の維新史に対する極めて一般的な歴史理解であったのではないか。そう、理解することができる。したがって、広井の著著は、「米百俵」の出来事を美談とはせず、したがって虎三郎を英雄とはみないとする、当時の長岡における「長岡の維新史」の理解を素直に表現した作品であった、とみるのが妥当であるのかも知れない。

広井の『明治大正　北越偉人の片鱗《へんりん》』が出版されてから三年後の昭和六年（一九三一）、今度は長岡市立互尊文庫《ごそんぶんこ》（長岡市立図書館の前身）から、若月赳夫著『長岡の先賢』という著書が刊行された(52)。これまた広井の前著と同様、三島億二郎については、多くの紙数を費やして取り上げ、詳細に「長岡の先賢」としての偉大な功績が誉め讃《たた》えられていた。だが、虎三郎については、億二郎のように独立した項目を設けて取り上げられてはいなかった。わずかに億二郎に関する叙述の中で、彼の交友として、あるいは戊辰戦後における長岡復興の主人公である億二郎の協力者として、いわば億二郎を補佐する脇役《わきやく》として、虎三郎は扱われているに過ぎなかったのである。

三島億二郎肖像（長岡市立中央図書館蔵）

・兵乱後の長岡は惨憺《さんたん》たるものであつた。（中略）茲《ここ》に於て億二郎奮起《ふんき》、主家の再興と一藩の恢復《かいふく》とに其全力を傾けて奔走《ほんそう》した。此長岡藩の恢復《かいふく》こそ億二郎半生の最も大きな業績であつて、万人の斉《ひと》しく景仰《けいこう》する所である。

・明治二年六月版籍奉還の事あり。藩主忠毅《ただかつ》は改めて長岡藩知事に任命され、億二郎は小林病翁《へいおう》等と共に大参事を命じられた。この間、億二郎は藩士家に紡績の業を奨《すす》め、空閑地《くうかんち》に桑《くわ》樹《き》の移植を行はしめ、又国漢学校を創設する等、鋭意自力更生の途《みち》を計った。・億二郎は、長岡復興の第一義は人材の涵養に在りとなし、小林病翁等と謀り、明治二年五月、四郎丸昌福寺を仮校舎に宛て、士族の子弟の教育をしたが、翌年、後者を坂ノ上町に新築し、国漢学校と名づけ、六月開校式を挙げた。(53)

同書では、人材涵養を第一と考えて学校を建設するなど、「戊辰戦後の長岡復興に尽力した中心人物は、三島億二郎その人である」との叙述で一貫している。虎三郎は、単なる脇役に過ぎない。広井の『明治大正　北越偉人の片鱗』では、虎三郎は全く無視されたが、この若月の「長岡の先賢」もまた、広井の長岡史観の延長上にあったとみることができる。

まさしく、昭和十八年の山本有三『米百俵』が刊行される前と後では、戊辰戦後における長岡復興の主人公と脇役とが、全く逆転した取り扱いになっていた。したがって同書にも、先行する貴重な文献である『長岡教育史料』の内容を踏襲《とうしゅう》した形跡は認められず、それ故に、三根山藩から「米百俵」が贈与されたこと、その代金が虎三郎の主張によって学校建設関係の資金に充当されたこと、等々の歴史的な事実は、長岡の歴史上においては全く封印されていたのである。

史実として「米百俵」を明記した松下鉄蔵

昭和の戦前、特に有三の『米百俵』が刊行される前の、貴重な文献資料として注目すべきは、昭和五年（一九三〇）に刊行された松下鉄蔵著『小林病翁先生伝』である(54)。同書は、先に紹介した若月赳夫著『長岡の先賢』が出版される前年に刊行された。だが、虎三郎に関する理解と扱いとは、それまでの著作物とは全く逆転し、書名の通り、戊辰戦後における長岡復興の第一の功労者は、「億二郎ではなく、虎三郎である」との基本認識に立脚して、そこから郷土の偉人としての虎三郎に関する様々な事蹟が叙述されていたのである。同書の特徴は、広く関係資料を渉猟《しょうりょう》し、それらを冷静に分析して、虎三郎の辿《たど》った軌跡を詳細に追跡し描写している点にある。

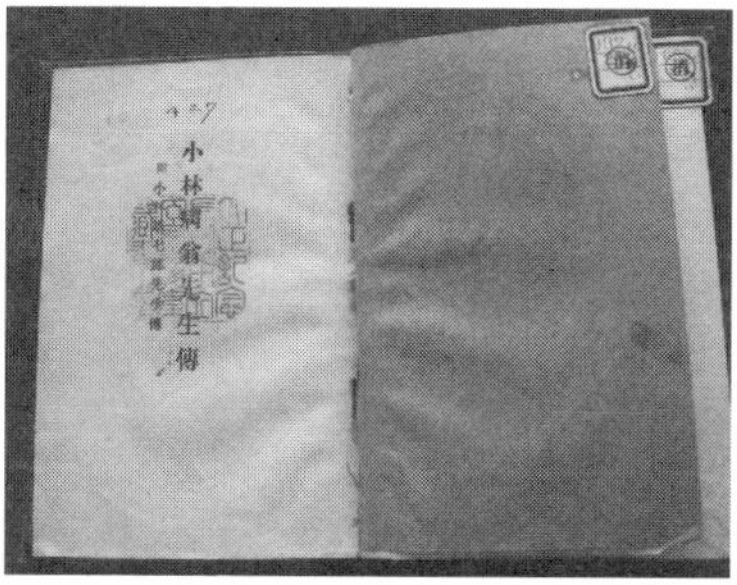

松下鉄蔵著『小林病翁先生伝』（1930年、長岡市立中央図書館蔵）

若月の著書に対して、注目すべき第一の理由は、支藩である三根山藩から長岡藩士の窮乏生活を救済すべく、緊急援助米が恵送されてきたという歴史的事実が明記されていたことである。そして第二には、虎三郎が、三根山藩から送られてきた救援米を、その分配を期待して勇《ゆう》躍《やく》歓《かん》喜《き》した藩士たちには一粒も分け与えず、国漢学校の建設資金に充当したということが明確に記されていた点である。「米百俵」に関わる重要ポイントである上記の二点は、大正六年（一九一七）に刊行された北越新報社編『長岡教育史料』の内容と、基本的には一致する。それにもかかわらず、これまた不思議なことに、肝心の『長岡教育史料』の存在については、全く触れられていなかった。何故に『長岡教育史料』を看過、あるいは無視したのか。この問題の穿鑿《せんさく》は別にして、ともかくも松下の同書が、『長岡教育史料』に次いで二番目に、「米百俵」を史実として取り上げた著作物であることは間違いない。したがって、結果的にみれば、同書は、『長岡教育史料』における「米百俵」に関する記述を、確認あるいは追認するという役割をはたした文献ということになる。つまり、同書もまた、先行する『長岡教育史料』と同様に、有三が「米百俵」の世界を調査研究して戯曲化する十年も前に、有三の描いた戯曲『米百俵』の世界を、すでに明らかにしていたのである。その意味において、『長岡教育史料』と共に、「米百俵」の事実認識に関わっては、先駆的な著作物である、と評価してもよいであろう。

「米百俵」の研究にとっては、北越新報社編『長岡教育史料』と松下鉄蔵著『小林病翁先生伝』とは、不可欠な研究資料である。しかしながら両著は、有三の作品『米百俵』を含めた、その後の著作物においては、全く触れられてはいない。もっとも有三の場合は、昭和十八年に刊行した『米百俵』の巻末に収めた「そえがき」の最後に、虎三郎の事蹟を調査するに当たって協力を仰いだ人名を列記し、その中で星野慎一や若月赳夫に先んじて、『小林病翁先生伝』の著者である「松下鉄蔵」の名前をあげ、次のごとく簡潔な謝意を表していた。

おわりに、病翁の事を調べるにあたって、私は小金井良精博士、松下鉄蔵翁、西方慎一君、長岡教育会の南雲清二氏、互尊社の遠山運平氏、鷹藤龍馬氏、互尊文庫の若月赳夫氏、長岡中学の岡本賢太郎氏らの方々に、ひと方ならないお力ぞえを受けました。ことに松下翁、西方君、星野君には、とりわけお世話に預かりました。(55)

有三の松下に対する謝辞は、有三が、地元の「米百俵」研究に関する先学者である松下の著書『小林病翁先生伝』の学恩に浴したが故のことであったと推察される。だが、もう一歩、立ち入ってみれば、それは、有三が、著者の松下から、直接に「米百俵」のことや「三根山藩」のことなど、戯曲『米百俵』の作品構成の骨格に関わる貴重な資料や情報の提供を受けたことに対する感謝の表明でもあった、とみることができる。さすれば、単なる歴史的な逸話と思えた「米百俵」の物語が、実は歴史的な出来事であったということ、すなわち史実としての「米百俵」の発見とその資料的な確認とは、決して有三をもって最初とし、彼の功績とすることはできない、ということになる。

これまで論証してきたごとく、史実としての「米百俵」の第一発見者は、「西郷翁談」を収載した北越新報社編『長岡教育史料』であり、それを追認する功績は松下鉄蔵著『小林病翁先生伝』にある、とみてよい。ところが、史実「米百俵」の真実を、さらに厳密に探究してみると、松下の先駆性は、決して彼自身の研究成果によるものではなく、松下自身が、自著『小林病翁先生伝』に引用した碑文「病翁小林先生伝」の撰者である「高橋翠村」という人物に依存するものであった、という厳粛な事実に逢着する。史実としての「米百俵」を理解する上で、この人物を決して看過することはできない。

「米百俵」の史実を碑文に刻んだ高橋翠村の先駆性

三根山藩から救援米が恵送され、それが虎三郎によって学校建設資金に活用されたと述べられているのは、前述のごとくに、決して松下自身の発見や検証によるオリジナルな研究成果ではなく、「高橋翠村《たかはしすいそん》」という人物が撰した「病翁小林先生伝」という「碑文」からの引用であった(56)。松下は、高橋が漢文で撰した碑文の全体を引用し、それに自分が読み下した訳文を付して、自著『小林病翁先生伝』に紹介したのである。同書における「米百俵」に関する部分の松下の訳文の一部を、次に紹介しておく。

時戦乱ノ余ヲ承《う》ケ、藩士窮乏甚シ、支封三根山藩主ノ之ヲ唁《トムラ》ヒ、米若干斛《こく》ヲ饋《おく》ルニ会ス。藩士多クハ分チ与ヘテ以テ飢ヲ救ハンコトヲ望ム。先生可《キ》カズ。必ズ之ヲ資《たすけ》トシテ以テ学ヲ立テント欲ス。衆嗷嗷《ごうごう》トシテ迫リ詰リテ曰《いわ》ク、吾輩食ヲ索《サガ》スノ暇《いとま》アラザル、焉《いずく》ニ学校ヲ用インヤト。先生色ヲ正シクシテ曰ク、諸子但《た》タ自ラ活スルコト能ハズ、吾レ故ニ学ヲ興シテ、樹立スル所アラシメント欲スルノミト。衆敢テ復《ま》タ言ハズ。乃《すなわ》チ首トシテ国漢学校ヲ建テ、次ニ洋学校医学校ニ及ブ。(57)

病翁小林先生傳

高橋翠村撰「病翁小林先生伝」（松下鉄蔵著『小林病翁先生伝』所収、1930年、長岡市立中央図書館蔵）

高橋の碑文には、「百俵」という米俵《こめだわら》の数をあげての具体的な表現ではないが、「米若干斛《こく》」（斛は一石、すなわち十斗の意）という言い回しで、三根山藩から救援米が長岡藩に恵送されてきたこと、その分配を求めて騒然とする藩士たちの要求を押し切って、虎三郎が国漢学校の建設資金に充てたことなどの出来事が、歴史的事実として淡々と叙述されている。

ところで、「高橋翠村」とは、いったい、どのような人物であったのか(58)。「翠村」とは、漢学者である彼の号であり、別に同音異字を当てた「翠邨《すいそん》」とも書いた。高橋は、安政元年（一八五四）十一月、代々、長岡藩に学問をもって仕える武家の第二子として、長岡の城下に生まれた。父親は、藩校崇徳館の漢学教授を勤める立派な学者であった。が、惜しくも戊辰戦争で戦死してしまった。幼少時の翠村は、藩校崇徳館の都講《とこう》（教頭）で、虎三郎や億二郎の恩師に当たる漢学者の山田愛之助（一八一六—一八九六）から儒教を学び、さらに虎三郎からも、直接、詩文の教授を受けたという。戊辰戦前の虎三郎は、象山塾の学徒であった時代に黒船来航という歴史的事件に遭遇《そうぐう》し、当時、老中職にあった藩主に対して横浜開港説を建言して処罰され、以後、長岡の自宅で長い蟄居謹慎《ちっきょきんしん》の生活を送っていた。その間、彼は、蘭書の翻訳や原稿の執筆に明け暮れる傍《かたわ》ら、藩の子弟に対する教育活動を展開した。実は、その門人の中に、高橋翠村がいた、ということである。

高橋は、明治の御一新の後、西洋近代学校制度の誕生を告げる太政官布告「学制」が発布された明治五年（一八七二）には、十日町小学校の初代校長に就任する。これを皮切りに、彼は、旧制新潟中学校（現在の県立新潟高校）の教諭などを経て、明治二十九年（一八九六）には「米百俵」に縁《ゆかり》の深い旧制長岡中学校（現在の県立長岡高校）に転任した。同校では、大いに漢学教育を振興し、明治四十三年（一九一〇）に退職した。その後の彼は、さらに私立長岡女学校や長岡実業女学校の教壇に立ち、喜寿を迎えるまで地元長岡の中等教育界で活躍し、昭和十九年

（一九四四）九月、九十一歳の天寿を全うした。

以上のような経歴の高橋翠村は、長い教員生活の傍ら、学恩を被った恩師の虎三郎に関する調査研究に意を注ぎ、前述の松下鉄蔵著『小林病翁先生伝』に引用された碑文「病翁小林先生伝」をはじめ、「寒翠《かんすい》小林先生の碑」「炳文《へいぶん》小林先生を祭る文」など、虎三郎に関する貴重な名文を何編か遺している(59)。

ところで、高橋の碑文「病翁小林先生伝」が、いつ頃に書かれたものであるかは不明である。したがって、大正六年（一九一七）に公刊された北越新報社編『長岡教育史料』との前後関係は、全く定かではない。高橋は、「米百俵」の主人公である虎三郎の門人であり、他方、『長岡教育史料』に「米百俵」の事実を証言した西郷葆は、虎三郎が校長を務めた国漢学校の教員であった。したがって、虎三郎からみれば、高橋は門人であり、西郷は部下または同僚であった。そのような両者は、共に戊辰戦争の前後における動乱時代の長岡を生き、長岡藩盛衰の歴史を共有体験する間柄にあったはずである。それ故に両者は、史実「米百俵」の時代を共に生き抜いた、いわば「長岡の歴史の生き証人」であったとみて間違いない。

残念ながら、高橋の数多《あまた》ある遺稿の中に西郷に関する記述はなく、さらに『長岡教育史料』について触れられたものも見当たらない。だが、虎三郎を主人公とする史実「米百俵」の物語は、虎三郎の門人である高橋によって、「碑文」その他に記録され、後世に遺されていた。このことは厳粛な事実である。他方、『長岡教育史料』には、西郷の語った「米百俵」に関する貴重な談話が収められている。だが、それと、門人である高橋の碑文との前後関係は不明である。西郷と高橋との年齢的な隔たりは大きく、虎三郎の同僚であった西郷からみれば、高橋は門人か息子のような後進の学徒であったにちがいない。それ故に、西郷の談話の方が、高橋の碑文に先行するとみてよいであろう。しかし、両資料の時間的な前後関係を超えて、史実「米百俵」の世界を刻んだ高橋の碑文もまた、西郷の証言に劣らず、「米百俵」に関する重要な基本史料であり、その先駆的な価値は高く評価されてしかるべきである。

高橋の書き遺した碑文「病翁小林先生伝」の一節を踏まえて、『小林病翁先生伝』を著した松下は、虎三郎の「食えぬから学校を建てるのだ」という偉業を、同書の中で次のように讃《たた》えている。

聞く先生の大参事たりし時、兵戦の後を承け藩士は食うに糧《かて》無く居るに家無し、而《しか》しても先生は首として国漢学校を建てんことを唱導された。藩士喧騒《けんそう》して先生を詰つて曰く「口が食えぬと言うに学校とは何事か」と、先生徐《おもむろ》に喩《さと》して曰く「食えぬから学校を建てるのだ」と、衆唖然《あぜん》として復《ま》た言わざりきと。嗚呼《ああ》今日長岡市の殷富《いんぷ》（富み栄える様）を以て聞ゆる、其の源する所は実に先生の「食えぬから学ぶ」の一言に出づ、則ち其の仁恵の及ぶ所広く且つ長し、豈《あ》に独り当時の藩士に勉学して才を成せしもの多かりしのみならんや、先生の徳真に欽仰《きんぎょう》す可きである。(60)

西郷の談話と同様、後に有三が描いた戯曲『米百俵』の世界そのものを、極めて具体的に表現している。残念ながら、このような「米百俵」に関わって先駆的な文献である高橋翠村撰「病翁小林先生伝」、そして西郷翁談話を収録した『長岡教育史料』、さらには高橋の碑文を紹介した松下鉄蔵著『小林病翁先生伝』など、先学たちの遺した「米百俵」に関する貴重な研究成果が、何故に、その後に刊行された広井の『明治大正　北越偉人の片鱗』や若月の『長岡の先賢』などには継承されず、看過され続けたのか。今からみれば、実に不思議なことである。

後に史実「米百俵」の出来事を戯曲に作品化した有三は、現地の長岡にも出向いて、可能な限りの関係資料を蒐集し、多くの関係者から資料や情報の提供を受けた。さすれば、そうした調査研究の過程で、有三は、高橋の碑文や西郷の談話の存在を、知りうる可能性は十分にあったはずである。だが、その形跡は全く見当たらない。それ故にか、有三は、星野慎一から教示を受けた戊辰戦後の長岡悲話、すなわち虎三郎を主人公とする三根山藩から恵送された「米百俵」をめぐる逸話は、もしかしたら史実ではなく、作り話《フィクション》ではないかと、疑心暗《ぎしんあん》鬼《き》に陥ったという。『米百俵』を執筆する前の有三は、当時の心境を、昭和十八年に刊行した『米百俵』の中に収めた「そえがき」（講演原稿）において、次のように吐露《とろ》している。

此の講演の中心になっているところの、三根山藩からきた百俵の米をもって、学校を立てたという話しです。ところが、今まで出ている病翁の短い伝記の類には、ほとんどこのことが載っていないのです。前にもいった通り「求志洞遺稿」の中の略伝は、信用のおける伝記と思っておりますが、どういうものか、その中には、国漢学校設立のいきさつについては、何も書いてありません。また、そのあとで出た有名な「北越詩話」の中にも「小林虎」のくだりは、ほかの人の伝に比べて、かなり丁寧であるにもかかわらず、このことについては、一行も書いてありません。（あとで見たものではありますが、「幕末血涙史」の著者も、この事実を取りあつかっていませんし、「旧藩と新人物」の著者、黒頭巾《くろずきん》氏も、虎三郎の名をたびたびあげておりながら、この問題には、ふれておりません。）病翁の伝を書くからには、この大事なことがらをのがすという法はないのに、甥にあたる小金井氏も、同じ国の人である「北越詩話」の著者も、この話を全然とりあげていないという事は、すくなからず私を迷わせました。それで、小金井（良精）博士をお訪ねして、まっさきにこのことをお聞きしたのですが、博士もそういう話は聞いていないといわれるのです。私はかなり失望しました。もっとも、その時、博士のお話に、「求志洞遺稿」は、いっさい兄がやったもので、自分はただ名前を出しただけのものに過ぎない。一体、自分の方面ちがいの方〈解剖学、人類学〉をやっているものだから、伯父の事は、すこしも調べていないので、何も分からない。」というお言葉はありましたが、博士が御存じないようでは、この話しは、ことによると、作り話ではないかしらと、その一時は思ったくらいです。博士の御令兄〔小金井権三郎〕がおいでなら、お尋ねしてみたいと思いましたが、もはや故人になられたというので、私はどうする事もできず、しばらくそのままに捨てておきました。(61)

史実か否かをめぐって揺れ動く有三の不安を解消してくれたのが、松下鉄蔵との出会いであった。有三は、松下を媒介として、先に紹介した高橋の碑文「病翁小林先生伝」を知り、さらに松下から「米百俵」が史実であることを裏付けるにたる史料を惜しみなく提供されたという。その間の経緯を、有三は、次のように述べている。

長岡の漢詩人、高橋翠村翁の「病翁小林先生伝」には、二三行ではありますけれども、はっきり、この事実をあげておられるので、どうも私には、根も葉もない作り話だとも思えませんでした。それで、なんとかして、これに関する確実な資料をつかみたいと苦しんでおりましたところ、幸いな事に、星野慎一君の仲だちによって、松下翁が多年にわたって書きとめておかれた、かずかずの書類を、一昨年の春、拝借することができ、その書類の中から、次ぎに示すやうな記録を見つけだしたので、私ははじめてほっといたしました。それから気をつけてさまざまなものをあさってゆくうちに、この事実の確かなことが、いよいよはっきりしてきましたから、これなら大丈夫と思って、おおやけの席で講演もし、戯曲にも書いてみる気になったのです。(62)

また、この文章の中で、有三は、「高橋翠村翁の『病翁小林先生伝』には、「二三行ではありますけれども、はっきり、この事実をあげておられるので、どうも私には、根も葉もないつくり話しだとも思えませんでした。」と記述している。だが、前述のごとく、高橋が撰した碑文「病翁小林先生伝」の原文をみれば一目瞭然、それは単なる二三行のヒント程度の話では決してなかった。そこには、有三の作品『米百俵』の全体像が明確に描かれていたのであり、まぎれもなく重要史料であるといってよい。そして、その高橋の碑文「病翁小林先生伝」は、有三の「米百俵」の調査研究の先導役を務めた松下自身が、すでに昭和五年（一九三〇）に刊行していた『小林病翁先生伝』の中に収めていたものである。松下が、自著のことを、有三に語らなかったとはとても思えない。だが、有三の方は、これらの事実については、一切、触れてはいない。

さらに有三は、当時、長岡では「小林虎三郎研究の第一人者」と目されていた松下を、例の星野慎一から紹介され、その松下本人から「米百俵」を史実と確信するに至る貴重な諸史料を貸与された、と記している。松下が有三に貸与した史料の中でも、とりわけ虎三郎に関わる「米百俵」の物語が史実であることを有三に決定づけたのは、次の下段に掲げた史料であった。実は、この史料は、すでに詳述した『長岡教育史料』に収められた「西郷翁談」の中に、「米百俵」の逸話が歴史的事実である証拠として示されていた長岡藩の公文書史料「明治三年五月七日附を以て士族一統への布告」であった。それら両史料の間には、「布告」の発令者とその宛名など、表記上で若干の相違が認められる。だが、内容的には全く同じものである。そのことを確認する上での参考として、両史料を併記して紹介しておく。

『長岡教育史料』収載の西郷翁談話に添付

触書　明治三午年

五月七日

三根山藩士族ヨリ、当藩士族へ、此節ノ見舞トシテ百俵米贈与有之、然ル処、士族給与米ノ儀者三月中ヨリ面扶持ニ候へハ、辛《から》クモ目今ノ凌《しのぎ》ハ相成候筈ニ付、右百俵ヲ以テ文武両場必要ノ書籍器械ノ費ニ充候へハ、闔藩《こうはん》士族両道稽古ノ一助ニモ相成、即、三根山士族ノ厚意ニモ戻《もと》ラサル儀ト評決イタシ、其段取計候間此旨為心得一統へ可有布告候也

五月　政庁

士正(63)

山本有三『米百俵』の「そえがき」に引用

士正

三根山藩士族より、当藩士族へ、此節の見舞として百俵米贈与有之、然る処、士族給与米の儀は三月中より面扶持に候へば、辛くも目今の凌は相成候筈に付、右百俵を以て文武両場必要の書籍器械の費に充候ば、闔藩士族両道稽古の一助にも相成、即ち三根山士族の厚意に戻らざる儀と評決いたし、其段取計候間此段為心得一統へ可有布告候也

五月　士族事務総裁

ともかくも、松下から貸与されたという、上記の史料によって、有三は、焼け野が原となった戊辰戦後の長岡藩で、その日の食糧にも難儀《なんぎ》する藩士家族の窮状に対して、支藩である三根山藩から「米百俵」が送られてきたという逸話が、歴史的事実として裏付けられたと確信するに至ったという。それ故に、その後の有三は、自信をもって「米百俵」の講演をし、論文も書き、それに単行本のタイトルとなる戯曲一編を加えて、最終的には単行本『米百俵』

を出版することができたわけである。虎三郎を主人公にした戯曲『米百俵』の執筆を決定づけるにたる貴重な諸史料と出会ったときの心境を、有三は、惜しみなく諸史料を貸与してくれた松下に対する謝意を込めて、次のように語っている。

明治三年の四月の末か、五月の一、二日ごろに、三根山藩の士族から長岡藩の士族のもとに、見舞いとして米を百俵送ってきたという事実、ならびに、その百俵の米を家中の者に分けないで、それをことごとく教育費にあてたという事実、この大事なことが、明らかに証拠だてられているわけであります。そして、その当時、長岡藩にあって、文教のことをつかさどっていた者は、だれであったかを考えるならば、初期の伝記に、このことが書いてなくとも、これは決して作り話ではないということが、明白になるでしょう。

もっとも、この文書だけでは、そのとき士族たちがいきり立ったとか、それらのやからが病翁のところへ押しかけて行ったとか、病翁がそれを説き伏せたとかいうことは、すこしもわかりません。しかし、この文書にしるされている通りの事実があったからには、その日の暮らしにも困っていた士族たちが、黙ってこれに従ったか、従わなかったものか、たいていは想像がつくではありませんか。おそらくは今日の時代にしても、仮に、ある村なり、町なりで、これに類する施設をしようとしたならば、そこの村民なり、町民なりは、騒ぎだすにちがいありません。まして刀を帯びていた時代のことですから、かなり荒っぽい形で、反対気勢をあげたものと思われます。土地の人の話によると、いきり立った藩士たちは、病翁の家に踏み込んで、寝ている枕もとに槍を突きつけたとか、刀でおどしたとかいう事です。(64)

松下が有三に貸与したという、史料「触書《ふれがき》　明治三午年」は、『小林病翁先生伝』が刊行される前の、大正六年(一九一七)に出版された北越新報社編『長岡教育史料』の中に収められていた史料である。たしかに有三自身は、『米百俵』を書き終えた後も、終生、『米百俵』の教育的世界の原型を素描していた『長岡教育史料』の存在を知ることはなかったかもしれない。だが、『長岡教育史料』が大正六年(一九一七)に刊行されてから三〇年近くが経過した後に、有三の『米百俵』は出版されたのである。このことは疑いえない事実である。学究的能力を併せ持つ文豪・山本有三の作品『米百俵』においてなお、最も先駆的な研究文献である『長岡教育史料』は看過されたのである。

しかしながら、『長岡教育史料』に最初に収められた史料「明治三年五月七日附を以て士族一統への布告」が、平成という新時代を迎えた今日では、戊辰戦後に三根山藩から長岡藩に「米百俵」が恵送されたことが歴史的事実であることを証明する第一級の史料として、公的に認知されるに至った。その代表的な例証の一つとして、長岡市発行『長岡市史　資料編三　近世二』（一九九四）をあげることができる。同資料集の中には、明治三年の長岡藩史料「触書」が、「三根山藩から見舞いの米百俵の使途につき達し」という新たな史料標題を付されて収められており、しかも、その出典が『長岡教育史料』と、はじめて明記されたのである[65]。

ところで、昭和の敗戦の翌年、すなわち昭和二十一年（一九四六）の十一月には、新潟県教育会から中野城水著『新潟県教育史』（上巻）という大著が刊行された[66]。同書は、個人の著作の形をとってはいるが、新潟県庁の学務課をはじめ、県下の教育行政関係者や学校関係者を会員として網羅《もうら》した、極めて公的性格の強い教育研究団体であった「新潟県教育会」が、総力をあげて企画編集した、千二百頁を超える大部の出版物である[67]。その「序」に、刊行当時の新潟県教育会の会長が、戦時中の「昭和十九年清秋」の日付で、「新潟県教育史茲《ここ》に稿を脱し将《まさ》に梓《し》に上《のぼ》さ

中野城水著『新潟県教育史　上巻』（新潟県教育会、1946 年）

むとす。本会予《かつ》て企つるところ今方《いままさ》に酬《むく》いむとする也。実に六年の星霜《せいそう》を経たり。」と記していることからも明らかなごとく、同書の企画は、有三の『米百俵』が出版される五年前の昭和十三年秋に溯《さかのぼ》る。有三が、いまだ『米百俵』を執筆する契機となる長岡出身のドイツ文学者・星野慎一と出会う前のことであった。

同書は、有三の『米百俵』が出版された翌年の昭和十九年に、当時、東京文理科大学教授であった新潟県出身の漢学者で、『大漢和辞典』の編集の功績で文化勲章を受賞した諸橋轍次《もろはしてつじ》（一八八三―一九八二）の校閲《こうえつ》をえて、ようやく脱稿した(68)。だが、戦渦が本土に及んで非常事態となったがために、同書の出版は遅延《ちえん》となり、結果的には敗戦の翌年の昭和二十一年になってしまった。そのような公的な性格を有する同書には、戊辰戦争の後、長岡藩の小林虎三郎が、同門畏友の三島億二郎の理解と協力をえて教育立国主義を首唱し、早くも明治二年（一八六九）二月には、城下の寺院を仮校舎として藩立学校を開校し、自ら校長に就任したこと、さらに、その翌年の明治三年（一八七〇）には、支藩の三根山藩から「米百俵」が送られてきて、それを虎三郎が藩士に分配せずに国漢学校の開校資金に充当したことなどが、次のように記されていた。

牧野家の支封三根山藩（西蒲原郡）から長岡藩士へ見舞として米百俵を寄贈して来た。

其処《そこ》で藩は小林の主張を容れ、右百俵を以て学校を新築し必要な図書、器械等を購入し、学校の組織を改善拡張することに決した。小林が、「食わざるが故に教育する」云々は、実に此時の一劇面である。藩も亦鋭意奨励し

目下藩の会計極めて窮処《きゅうしょ》に候へ共、文武の義は一日休業候へば、後来《こうらい》藩勢の振興一日の遅引《ちいん》を引起し候次第、従五位様〔旧長岡藩第十三代藩主の牧野忠毅《ただかつ》〕に於ても、此段深く御憂慮被為在候《あそばされそうろう》より御家禄内より御出費にて国漢学校建設相成、来る十五日開校に候條、銘々にも右御旨趣厚く相弁へ艱難《かんなん》中ながら精々出校、奮発勉励、着実研修其材質を尽し御奉公の基礎相立候様心掛可為肝要者也《かんようなるべきものなり》(69)

戦時中の昭和十九年に、「実に六年の星霜を経」(「序」)て脱稿し、敗戦の翌年に刊行された『新潟県教育史』は、県の学務課をはじめ、県下の教育関係者を網羅した教育団体「新潟県教育会」の発行であった。いわば新潟県教育の「正史」とみてもよい書物である。そこにもまた、有三の戯曲『米百俵』の世界そのものが描かれていた。だが、同書は、有三の作品『米百俵』が出版され、上演された直後に脱稿された書物である。したがって同書は、有三の『米百俵』を主要な参考資料の一つとして活用して、草稿をまとめたものとみるのが自然

である。しかしながら、同書では、有三の戯曲『米百俵』については全く触れられていない。

また、有三の『米百俵』の出版に先行して公刊済みであった「米百俵」に関する一連の基本文献――虎三郎門人の高橋翠村撰「病翁小林先生伝」や、虎三郎の同僚である西郷葆の談話を収めた『長岡教育史料』、さらには高橋の碑文を引用した松下鉄蔵『小林病翁先生伝』などの先行研究についても、全く触れられてはいなかった。

(2) 三根山藩は、なぜ「米百俵」を送ったのか

充実した内容の今泉省三『忘却の残塁』

山本有三『米百俵』や新潟県教育会『新潟県教育史』が刊行された後の昭和戦後においては、長岡の維新史の中に、虎三郎を主人公とする「米百俵」の史実が位置づけられ、それが支藩の三根山藩から送られた救援米に由来する出来事であったということが、史実として記述されるようになった。例えば、昭和四十四年（一九六九）には、「米百俵」に由縁の新潟県立長岡高等学校の校長を務めた結城伴造の著書『長岡の教育百年』が刊行されたが(70)、同書には、「国漢学校の創設と教育第一主義」という一節が設けられ、「牧野家の支封三根山藩（西蒲原郡）から長岡藩士へ見舞いとして米百俵を寄贈」してきたこと、それを虎三郎は教育第一主義の

思想に基づいて学校の創設資金に活用したことなどが紹介され、併《あわ》せて有三の戯曲『米百俵』の内容紹介や主人公である虎三郎の略伝「小林病翁小伝」も付されていた。

さらに、『長岡の教育百年』が出版された翌年、すなわち昭和四十五年（一九七〇）年には、新潟県教育庁から、まさに「新潟県教育の正史」ともいうべき『新潟県教育百年史』（「明治編」）が刊行された(71)。そこには戊辰戦争の直後に、三根山藩から「米百俵」が送られてきたことや虎三郎のことなどが、次のように記述されている。

長岡は維新の際、三度、火災をうけて焼野が原と化し、住民は離散し悲惨を極めた。この惨状からなんとか抜けだしたいとの決意をもって、知藩事忠毅《ただかつ》は特に小林虎三郎（病翁《へいおう》）を大参事に任じ、三島億二郎とともに長岡復興のことをはからせた。病翁はかって藩学校の古学派に学んだが、あきたらず京都《ママ》〔江戸の間違い〕に出て佐久間象山の門に入り、研さんして、優秀の名をあげ、知見が広かった。まず復興の第一は人材養成にあるとの強い信念の下に、三島億二郎を数度説得して、明治二年五月、国漢学校を昌福寺に開いて、士族たちを教育しようと企てた。また当時三根山藩から、長岡復興の見舞として米百俵が贈られてきた。明日の食う米さえなかった長岡藩士たちは、見舞の米を分配するように懇請したが、病翁は断乎《だんこ》としてこれを拒《こば》み、士分の慰撫《いぶ》につとめた。この病翁の教育に対する熱意とその卓見とにより、一藩は奮起して病翁の指示する方向に進み、その後一年で気風が大いに振起した。このことは、いまも長岡人の誇りであり、美談として語り伝えられている。(72)

『新潟県教育百年史』が刊行された翌年の昭和四十六(一九七一)年には、すでに『三島億二郎伝』や『長岡の歴史』(全五巻)等の大著を刊行し、まさしく長岡史研究の泰斗《たいと》と評してもよい今泉省三が、『忘却の残塁《ざんるい》——明治維新の長岡の三傑《さんけつ》——』という著書を出版した(73)。そこに「長岡の三傑」とは、河井継之助、小林虎三郎、三島億二郎であるが、同書における虎三郎の描写は非常に充実したものであった。当然、三根山藩から「米百俵」が贈与されたことについても、虎三郎の国漢学校の創設との関わりで触れられ、次のように記述されている。

ときに、支藩三根山藩(西蒲原郡)では、宗家長岡の窮貧ぶりをみるにみかね、三根山藩旧郡奉行長谷川久一郎(春雄)の手によって川船で矢川から西川を通り、信濃川を経て米百俵を見舞いとして運んできた。

粥《かゆ》すらすすりかねる藩士にとっては喉《のど》から手の出るように欲しい米だ。押取《おっと》り刀で、

「われわれに米をわけろ」と藩当局に強談判《こわだんぱん》するものもいた。藩庁では配分した方が良いとする説と、他に利用すべきだとの説の二論にわかれ、最後の決を病翁に仰ぐことになった。

病翁の腹は最初から決まっていた。わずか百俵の米を千四百人に分配したところでどうなる。いっときの腹塞《はらふさ》ぎで、あとは肥やしになるにしかすぎない。「気を大きくもて」と、配分論者に怒鳴りたい衝動にさえかられた。他の大参事牧野・三島も同意見だ。

結局は同年五月七日付の士族事務総裁名をもって通達したように、「このたび三根山藩士から長岡藩士へ見舞いとして米百俵が贈られてきたが、各々には三月以降面扶持を与え、とにかく生活の道がついているはずだ。この米百俵は文武両道に必要な書籍・器械を買う資金にあてることにする。さすれば文武の稽古の一助になり、さらに三根山藩士の厚意にも添うことになる」ということになった。(74)

さらに今泉は、三根山藩から送られてきた「米百俵」の使途についても、有三の『米百俵』のように学校建設資金に充当されたという単純な見解とは異なる、次のような極めて妥当な解釈を示した。

ところで、三根山藩からもらった米そのままでは学校の経費に組みいれるわけにはいかない。ただちに換金された。当時、米一斗七、八升で金一両の相場である。四斗七升いれ百俵でおよそ二百七十両余になる。とりあえずこのなかから百両を割《さ》えて国漢学校・演武場・洋学校・兵学校・医学校へそれぞれ二十両ずつを按分《あんぶん》した。この決定は五月二十二日になされたが、(中略)要するに松五郎へ二百両を預けて書籍を購入させ、別に百両は演武場の道具を買う資にあてるということで、三根山からの米代金に牧野家が多少充足して文武両場の経費にあてたのである。(75)

土田隆夫の斬新な推論

今泉の著書が出版されてから四年後の昭和五十年(一九七五)八月には、地元の長岡市役所が公費をもって『米百俵　小林虎三郎の思想』を刊行した(76)。同書は、標題から推察されるように、昭和十八年(一九四三)に出版された山本有三著『米百俵』の復刻版である。同書には、新たに虎三郎の遺稿集『求志洞遺稿』などから抜粋《ばっすい》した関係資料が付されていた。だが、有三の『米百俵』の復刻であったが故に、「米百俵」の送り主である三根山藩に関しては独立した項目はなく、したがって原本である有三の『米百俵』の内容を超えるものではなかった。

ところで、上記の復刻版『米百俵　小林虎三郎の思想』の編集を担当したのは、当時、県立長岡高等学校に勤務していた土田隆夫、吉岡又司、佐竹一郎の三教諭と長岡市立互尊《ごそん》文庫館長の内山喜助であった(77)。同書の最後には、「長岡藩と戊辰戦争前の様相」という充実した内容の解説論文が収録されていた。実は、それは編集者の一人であった内山喜助が執筆した論文であった。その証拠に、同書の刊行から数ヶ月後の翌五十一年(一九七六)一月、前述の長岡高等学校教諭の土田と吉岡、それに長岡市立互尊文庫の内山の三名の共著で、『南天一望　小林虎三郎とその周辺』という書物が出版されたからである(78)。その内容は、三氏それぞれの論文――土田孝夫「小林虎三郎の教育論とその実践」、内山喜助「長岡藩と戊辰戦争前の様相」(この論文が、前述の『米百俵』の復刻版に添えられた解説論文)、吉岡又司「山本有三の文学――戯曲を中心として――」を収録したものである。各々の論文は、執筆者各自の高校での担当教科の専門性を生かして、たしかな資料批判《テキスト・クリティーク》を踏まえた精度の高い学術研究レベルの論考《ろんこう》であった。

特に、そこで注目すべきは土田論文である。同論文は、虎三郎の学問と教育の軌跡をたどりながら、彼の教育論の内実に迫り、戊辰戦後、彼が畏友の億二郎と二人三脚で国漢学校の創設に尽力した経緯を究明している。だが、何といっても同論文の真骨頂は、三根山藩から長岡藩に「米百俵」が恵送されたことが、決して偶然に起こった出来事ではなく、実は長岡藩側からの要請に基づくものであったのではないかという斬新な推論である。すなわち土田は、学校創設によって戦後長岡の復興を企図する虎三郎の理想を実現すべく、虎三郎とは同門畏友で肝胆相照らす間柄にあった大参事の億二郎が、信頼関係の厚い三根山藩の大参事（旧城代家老）であった神戸武徳に救援を求めて働きかけた結果、三根山藩から救援米の名目で「米百俵」が長岡藩に送られたものであるという推論を裏付ける歴史的な経緯を、当時の三根山藩側の政治経済的な状況を踏まえて、億二郎の日記などの関係史料を丹念に分析し、論証しようとした。以上のような鋭い仮説に基づく斬新な土田の推論は、次に引用する一文をもってしても、実に説得力のある妥当な歴史解釈と評してもよいであろう。

「百俵の米」は、三島億二郎から三根山藩に対して要請が出されたか、あるいは何らかのはたらきかけがおこなわれた結果、「三根山藩知事家から、宗家、牧野長岡藩知事家に対する窮迫の見舞米」としておくられてきたものではなかろうか、と考えられてくる。そして、また、このような窮迫の見舞米の到来をもたらした背景には、億二郎と呼吸のあった虎三郎の強い進言があり、虎三郎の藩の文教政策推進の固い意志を見抜いていた億二郎の奔走があったことが思われてくるのである。

要するに「米・百俵《ママ》」は、牧野忠泰《ただひろ》三根山藩知事から牧野忠毅《ただかつ》長岡藩知事におくられた見舞米としての形式がとられて、舟運によって長岡に運ばれてきたものであったであろうし、それだからこそ、当時の藩政を預る大参事三島億二郎によって、士族の一部にあった反対論をおしきって、国漢学校をはじめとする文教施設の整備に、それが「穏便のうちに」使われたのであったと推定されてくる。(79)

土田は、平成十三年（二〇〇一）に『長岡学校沿革略誌』（新潟県立長岡高等学校同窓会の発行）が翻刻されるに際しても、同書全体の校注を担当し、巻末に自分の執筆した論文――『米・百俵』と、長岡藩の「教育立国」――を掲載している。しかも彼は、同論文の終わりに「付注」を設け、「『米百俵』が三根山藩から到来した背景」を二点あげて、持説が妥当である背景を次のように説明している(80)。

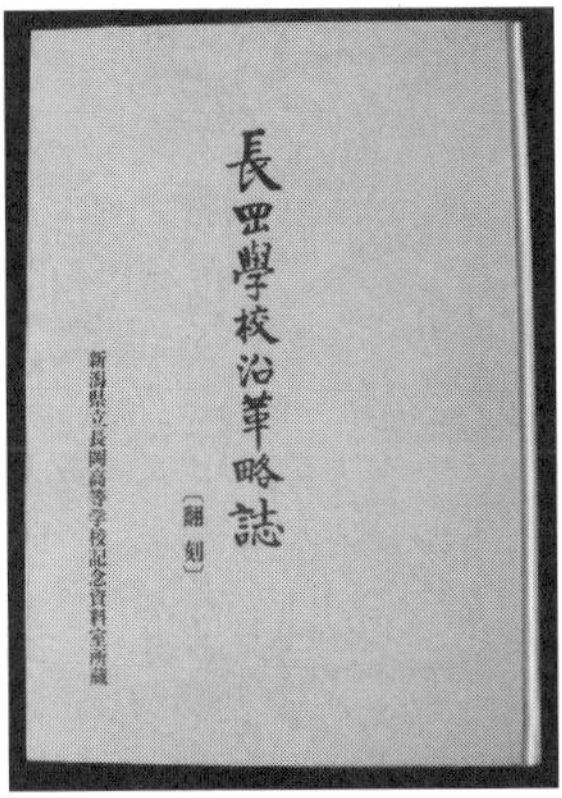

『長岡学校沿革略誌』（翻刻、新潟県立長岡高等学校同窓会、2001年）

（ア）三根山藩の「土地替」問題についての三島億二郎の尽力

三根山藩は寛永年間の分知以来、宗家の長岡藩とは緊密な一体感があった。北越戊辰戦争に際して、長岡藩の抗戦に連座したという理由で明治元年十二月九日に太政官から信州伊奈《（ママ）》に「土地替」

を命じられた。「土地替」免除を京都の新政府に嘆願するため、明治二年二月に同藩の公用人太田良右衛門が上洛した際、三島はこれに助力し、一緒に行政官の津田弁事に嘆願するなどして尽力をした。これにより同年十一月ごろには同藩の若干の減石で落着にいたった。

(イ)長岡藩を規範としての三根山藩の明治初期の改革

三根山藩は新たな藩治職制の創出などで三島に相談するなどして改革を推進し、長岡藩と同時に版籍奉還を願出《(ママ)》た。

このような土田の分析は、前述の『南天一望　小林虎三郎とその周辺』に収載された彼の研究成果に裏打ちされたものである。流石《さすが》は、地元長岡における「米百俵」研究の第一人者と評されるにふさわしい見識である。

なお、その土田が編集委員として関わった『長岡市史　通史編上巻』(長岡市、一九九六)には、次のように「米百俵」の経緯が叙述されている。

長岡の困窮ぶりをみて、支藩の三根山藩士族たちは長岡藩士族に米一〇〇俵を贈った。藩庁は家中に、この一〇〇俵は、文武両場に必要な書籍や器材の経費に充て、三根山藩士族の厚意にこたえたい、と告げた。多くの士族たちの意向は、一〇〇俵の米を分配してほしいというものであったが、青年たちの前途を考えるとき、学問は一日もゆるがせにできないとする、小林虎三郎の主張が貫かれた。(81)

この通史編の記述を裏付ける第一の史料が、実は長岡藩史料「三根山藩士から見舞いの米百俵の使途につき達し」であったが、その史料もまた、『長岡市史　資料編三　近世二』の中に収められている(82)。

なお、時期は前後するが、平成四年（一九九二）には、松本健一著『われに万古の心あり——幕末藩士　小林虎三郎』が刊行された(83)。同書は、虎三郎に関する最初の本格的な評伝といえる作品である。同書においても、「『米百俵』のエピソード」という一項が設けられ、三根山藩から長岡藩に贈られた「米百俵」を基に国漢学校が設立されたという歴史理解が、有三の『米百俵』の刊行以来、通説となったことを指摘している。だが、そこで特に注目すべきは、松本が、有三の『米百俵』をあくまでも逸話として扱い、その基となった有三の調査研究の成果である「そえがき」の内容は、「あまり正確でなかった」と矛盾点をついている点である。すなわち、「米百俵」の代金は学校建設費としてではなく、学校に必要な書籍や武場道具の購入費など、「文武両場」の資金として使用されたと批判していることである。

実は、松本の、そのような有三の『米百俵』に対する批判的な論調は、前述の土田論文「小林虎三郎の教育論とその実践」の推論と全く同じ観点からのものである(84)。だが、同書においては松本は、「米百俵」の真実に迫ろうと孤軍奮闘してきた土田の一連の研究成果については、残念ながら全く触れてはいない。なお、松本の同書には、「『米百俵』のエピソード」は、「高橋翠村の『病翁小林先生伝』にのみ」出てくる(85)、と記されている。これは、明らかに事実誤認である。松本が、有三の作品『米百俵』を批判する論拠としているのは、松下鉄蔵著『小林病翁先生伝』に引用された高橋翠村の碑文「病翁小林先生伝」である。だが、すでに検証してきた通り、「米百俵」の逸話を記した文献は、翠村の『病翁小林先生伝』もさることながら、虎三郎校長の下で国漢学校の教員を勤めた西郷葆の証言を収めた大正六年(一九一七)の北越新報社編『長岡教育史料』が第一であり、その先駆的業績を無視してはならない。しかしながら、松本の著書においてもまた、その存在自体が看過されていたのである(86)。

松本の評伝が出た翌年の平成五年(一九九三)、今度は、脚本家で映画監督でもある島宏の『米百俵　小林虎三郎の天命』という著書が出版された(87)。同書には、標題と同名の論文「米百俵　小林虎三郎の天命」の他に、俳優の中村嘉葎雄《かつお》が主人公の虎三郎を演じた、映画『米百俵』(一九九三)の「シナリオ」が付されていた。同氏のシナリオの基になっている論考「米

百俵　小林虎三郎の天命」には、三根山藩から「米百俵」が贈られてきた経緯が、これまた前述の土田論文の推論と全く同じ観点から(88)、しかも松本の場合と同様に、有三の戯曲『米百俵』の盲点を突くという批判的な論調で、次のように叙述されている。

山本有三の戯曲は一幕二場の短い物語である。主人公も小林虎三郎ではなく伊藤喜平太という架空の長岡藩士である。「米百俵」の物語では絶対に登場しなければならない三島億二郎が、なぜかその名前さえ出てこない。億二郎が存在しない「米百俵」の話など逸話を遠く離れた作り話になってしまう。なぜなら、億二郎なくして三根山藩からの米百俵の贈呈はなかったと推測できるからである。(89)

たしかに、億二郎なくしては、国漢学校の創設やその校舎新築の資金源となった三根山藩からの「米百俵」の恵送は、ありえなかったとみてよい。畏友である大参事の三島が介在してはじめて、虎三郎の夢が実現できたことは容易に推察できる。そのような観点からみれば、たとえ戯曲とはいえ、有三の作品『米百俵』が、その登場人物の少なさに象徴されるごとく、あまりにも単純化された内容であったことは否《いな》めない事実である。しかしながら、有三が出版した『米百俵』は、すでに本書の中で、その内容を詳細に取り上げて吟味してきたごとく、単なる戯曲「米百俵」のシナリオだけではなかった。そこには、大衆向けの単純明快な歴史ドラマとしての戯曲の世界を支えるにたる、歴史学的な観点からなる彼独自の論文「隠れたる先覚者　小林虎三郎」、そして学術論文とも評しうる長文の「そえがき」が収録されていた。それら全体を包摂して表現されたものが、一冊の単行本として出版された有三の作品『米百俵』であった。したがって、単に「戯曲」の部分だけを抜き出して批判するのは、適切妥当な先行研究批判とはいえない。

さらに島宏『米百俵　小林虎三郎の天命』では、「なぜ、三根山藩は米百俵を長岡藩に贈ってきたのであろうか」との疑問を提示し、この至極当然で素朴な疑問に対しても、土田論文が推論の根拠として取り上げた億二郎の『芝山日記』（三根山藩から「米百俵」が送られてくる時期に相当する明治二年正月から同三年四月までの日記）を、今泉省三『三島億二郎伝』の中から援用して、次のように説明している。

明治元年ごろから三島億二郎は三根山藩としきりに接触をはかっている。三根山藩主が長岡藩の支藩としての立場で宗家である長岡藩主、牧野家に対して行なった儀礼的な面での事実をみると、明治二年八月四日に第十一代長岡藩主牧野忠恭の正室の三回忌の法事のときに「白銀一枚」が「三根山従五位家より」として贈られている事実を「牧野

家文書　明治二年巳年従五月御用人方」八月四日の項に記されている。

このようなことから推測すると米百俵は、億二郎から三根山藩に対して要請がだされていたのか、何かの働きかけが行なわれた結果「三根山藩知事家から、宗家・牧野長岡藩知事家に対する窮迫の見舞金」という名目で贈られてきたものではないのだろうかと考えられる。(90)

以上の叙述にみられるような、三根山藩から長岡藩に「米百俵」が恵送されたという、島宏『米百俵　小林虎三郎の天命』に認められる歴史的事実の理解や解釈の仕方は、おおむね妥当なものとして是認できる。しかしながら、そのような推論の基本的な筋書きと、それを裏付ける史料的根拠を最初に提示したのは、土田論文であったということは事実として看過できない。残念ながら、松本も島も、ともに土田の先駆的な研究業績については、一切、触れてはいないのである。

さらにまた、島は、「それではなぜ三根山藩は名目までつくって窮迫の見舞米を長岡藩に贈ったのか」との疑問を投げかけて自問自答し、「その背景には、虎三郎の人材育成という強い要望があり、虎三郎の藩の文教政策推進の固い意志を見抜いていた億二郎の、奔走があったことはまちがいない(91)」と述べている。このような島の見解もまた、松本の場合と同様に、すでに発表されていた土田論文の研究成果の域を、決して超えるものではなかった。

史実「米百俵」についての誤解

なお、ここでどうしても、従来の「米百俵」に関する歴史的理解の誤謬《ごびゅう》を正しておきたい。実は問題としなければならないのは、三根山藩から送られた「米百俵」を資金に組み込んで開設されたという、長岡藩立の国漢学校の教育史的な意味についてである。

明治二年（一八六九）には、戊辰戦争も峠を越え、すでに長岡藩も会津藩も無条件降伏して、維新政府から厳しい戦後処分が下されていた。が、北海道の函館五稜郭では、なおも官軍に対して、榎本武揚（幕臣、一八三六―一九〇八）を中心とする旧幕府側の抵抗が続いていた。そのような、いまだ戊辰戦争が終結しない同年の二月、戦後における日本近代化の構想を具体化しつつあった維新政府は、従来の幕藩体制を改めて近代的な中央集権体制を構築すべく、全国の府県（諸藩）が早急に取り組むべき緊要な政策課題として、十三項目からなる「府県施政順序」を発令した。実は、その中には、「小学校を設る事」という一項が盛り込まれていたのである(92)。その内容には、「専ラ書学素読算術ヲ習ハシメ願書書翰《しょかん》記牒《きちょう》算勘《さんかん》等其用ヲ闕《かか》サラシムヘシ」とあった。さらに、その翌月、維新政府は、特に戊辰戦争で朝敵となった東北各県に対しては、速やかに小学校を設けて人民の教化に着手すべしとする「達《たっし》」

を発令した(93)。こうした一連の維新政府の執行した教育政策――学校を開設し、教育によって藩の領民を国家の国民に啓蒙し教育する政策の推進――が、日本近代史における歴史的事実として存在したことの確認と、そのような維新政府の教育施策を受けて、実は長岡藩を舞台とした「米百俵」の史実も誕生したという歴史的事実の理解が求められる。残念ながら、この観点は、従来の「米百俵」に関する研究には全くみられなかった。このような歴史的な視点を無視して、史実「米百俵」の物語を、単に長岡藩という閉じた地方世界で起こった特異な出来事として捉えてしまうことは、そして主人公である小林虎三郎という個人による美談的な出来事として喧伝してしまうことは、歴史的事実に背く、大いなる誤解を招く危険性がある、といわなければならない。

以上のような維新政府の「府県施政順序」や「達」による文明開化を意図した教育政策こそが、戊辰戦後の混乱と困窮の渦中にあって、長岡藩が明治二年五月に城下の寺院を仮校舎として学校教育を急ぎ再開したこと、さらに翌年には三根山藩からの「米百俵」を資《たすけ》として新校舎を創設し藩立学校を開設したこと、などの直接的な契機となったものであった。そこにこそ、長岡藩における国漢学校開設の歴史的な契機や教育史的な意味があった。

この事実を裏付ける史料として、国漢学校の後身の坂之上小学校の校長を歴任した湊八郎が、明治十年の同校の新築移転の際の選文「阪之上小学校造営の記」に記した次の一文をあげることができる。

恭《うやうや》しく惟《おもんみ》るに、明治聖上〔明治天皇〕の御宇《ぎょう》〔御治世〕の始め、首として諸藩県に詔《みことのり》して学を立たしむ。蓋《けだ》し人才〔人材〕は国の本にして、学を立つるは即ち国の本を培う所以なり。我が小区嚮《さき》に兵燹《へいせん》〔兵火〕の余を承《う》け、闔区《こうく》〔長岡〕凋残《ちょうざん》〔枯れ残る〕す。東号西呼《とうごうせいきょう》するも、旦夕《たんせき》の薪米〔薪《たきぎ》と米《こめ》〕に是れ苦しむ。未だ学を興すに暇《いとま》あらざるなり。旧藩の知事公、及び旧参事小林・三島諸君等、切に聖謨《せいぼ》〔天皇の統治方策〕に称《かな》う無きを憂い、慨然として非常節減の令を布く。一朝《いっちょう》に一餐《いっさん》〔飲食〕、一葛《かつ》一裘《きゅう》〔裘葛《きゅうかつ》、冬のかわごろもと、夏のかたびらの衣服〕のみにし、闔藩凍餓《こうはんとうが》〔凍え飢えること〕を忍び、以て文武の両場を置き、頗《すこぶ》る士風を督励《とくれい》す。(94)

上記の史料は、天皇親政の詔（明治二年に布告された「府県施政順序」）を受けて、戦後長岡の復興を担った長岡藩執政の虎三郎や億二郎たちは、焼け野が原となって塗炭の苦しみに喘ぐ中で、万難を排して新政府の「小学校ヲ設ル事」という布告を実現しなければならないと意を決し、藩立学校（国漢学校）を開設するに至った歴史的経緯を率直に物語っている。

以上の事実を踏まえて、長岡藩が、明治二年五月、城下の寺院を教場として小学校を設立したのは、維新政府の「府県施政順序」の布令（同年二月）を受けての出来事であったという事実を、近年の長岡市研究の成果を結晶化した『長岡市史　通史編　上巻』では、次のように叙述している。

明治二年（一八六九）二月、新政府は府県施設順序を公布し、府県施政の大綱を定めた。そこには、府県知事の職掌、議事の法、予算を定めることなどとともに、小学校を設けることが掲げられていた。これを受けて藩政庁では、小林虎三郎・三島億二郎らの唱導により、同年五月一日を期し、四郎丸村の昌福寺に士族の子弟を集めて学問を教えることとした。国漢学校の開校である。(95)

このような歴史的事実を無視して、長岡藩が三根山藩からの「米百俵」をもって国漢学校を創設したこととの意味を単純化し、美化することはできない。

維新時における欧米先進諸国をモデルとした日本の教育近代化は、中央集権的な国家体制の確立を急ぐ維新政府が打ち出す全国規模での教育政策の展開と、それに呼応した地方の教育動向とが絡み合って推進されたものである。そのような日本近代化という国家的な視座から、長岡藩における「米百俵」に象徴される学校教育の展開を鳥瞰《ちょうかん》すれば、維新後、それも廃藩置県（明治四年）や学制発布（明治五年）に先だって、備後《びんご》福山藩（広島県）や周防《すおう》岩国藩（山口県）などの全国諸藩では、進んで教育改革を断行し、それまでは特権階級である武家の官吏養成学校であった藩立学校を、身分的な枠組みを超えて、一般庶民にまで開放するようになった歴史的事実と比較交合して、決して特別な出来事ではなかった、ということが理解できるであろう(96)。この点は、長岡藩が「米百俵」をもって開校した国漢学校に、一般庶民の子弟の入学を許可したことの意味を理解する上では、看過できない歴史的な事実である。

これらの歴史的事実を看過あるいは無視して、「米百俵」に関する国漢学校の意味が誤って解されてきた嫌いがある。実は、山本有三の『米百俵』の場合が、その典型であった。彼は、同書の「そえがき」の中で、国漢学校について、次のように述べている。

ここで特に記しておきたいと思うことは、このとき国漢学校に百姓や町人の子どもを入学させたことです。従来、藩の学校というものは、藩士の子弟を教育するところではありますが、それは身分のある侍の子弟に限るのであって、家中の者であっても、足軽の子どもなどは、入れないのが普通であります。これは、どこの藩でも、たいていそうでありました。ですから百姓や町人のせがれなどは、絶対に入学できるわけのものではないのであります。国漢学校にしましても、藩の金で立てたものではあり、藩士の子弟を教育することが主眼なのですから、今まで通り、足軽や、百姓町人の子は入れないといっても、当時としては、少しも不思議はないのですが、身分の低い侍の子はもちろん、町村の子弟までも入学を許したということは、非常な卓見といわなければなりません。これは文武のつかさ（司）をしていた病翁《へいおう》の意見によるものであることは、いうまでもない事と思ひます。(97)

有三の理解は、まさに歴史的事実を無視した全くの誤解である。このような有三の国漢学校に関する善意に満ちた誤解――歴史的な営為《いとなみ》の美化あるいは特例化――が先駆的な範例《モデル》となって普及し、その後も引き継がれて現在に至っている。例えば、前述の松本健一『われに万古の心あり――幕末藩士　小林虎三郎』の場合も、同様な理解から、次のように叙述されている。

国漢学校はのちに新政府の学制に組み入れられ、それも柏崎県長岡分校といった形になって、阪之上小学校、長岡中学、洋学校、医学校などに分岐していくが、はじめは藩校の崇徳館にかわる、それも士族ばかりでなく町人も農民も入れる、開かれた学校として創立された。これは、重ねていうが、虎三郎の思想によるものであった。かれの田中春回に宛てた手紙には「小学は貴賤賢愚《きせんけんぐ》の別なく皆入るべき所」とあったし、三島億二郎に宛てた手紙には「兎角《とかく》諸旧藩の風習にて、平民教育に心を用いず、士族のみに教育費用を掛け」とあった。それは、虎三郎の思想がもともと、「富強の本ただ人民の知識を開く外なし」というものであり、そのためにはまず小学校の教育制度改革から始めなければならない、と考えていたことを示している。(98)

これまた、有三の『米百俵』におけると同様の誤った歴史理解といわざるをえない。たしかに教育における身分的差別を撤回し、人民一般の教育を主張し、それを国漢学校に実践した虎三郎の教育思想は、時代を先取りした極めて近代的な思想であり、評価に値するものであった。だが、そのような思想や実践は、ひとり虎三郎のみが独占する先駆的な近代性であったわけではない。維新政府側にも、江藤新平(佐賀藩、一八三四—一八七四)や大久保利通(薩摩藩、一八三〇—一八七八)、あるいは木戸孝允(長州藩、一八三三—一八七七)や伊藤博文(長州藩、一八四一—一九〇九)など、世界的視野から日本の教育近代化を捉えることのできる開明的な人物がいたのである。彼らは、すでに戊辰戦争の最中に戦後日本の近代化を構想し、そこに欧米をモデルとした四民教化の学校教育が不可欠であることを認識し、その調査立案に着手していたのである。

一般に、歴史的な事実やそれが生起する背景を無視して、歴史的な存在である個人が演じた歴史的な役割や功績を捉え、これを過大に評価して特別視する個人史観あるいは英雄史観は、単純明快であるが故にわかりやすく痛快であり、一般読者の共感をえやすい。だが、歴史は、いかなる英雄や偉人であっても、決して個人では動かしえないし作れもしない。それ故に、「米百俵」に関わる国漢学校を理解する際にも、その功績をひとり虎三郎にのみ帰して、彼の思想と行動を単純に美化し宣揚するような歴史理解は誤りである。実は、そのような見方を、誰よりも嫌ったのは、誠実に学究的人生を貫いた虎三郎その人ではなかったのか。

本書の巻末に付した「米百俵関係略年表」を一瞥《いちべつ》すればわかる通り、虎三郎の学究的あるいは教育的な軌跡の全体像からみれば、「米百俵」に関わる彼の決断や対応は至極当然なことであった。彼は、若くして藩費遊学生として江戸の象山塾に学び、古今東西の学問を研鑽した。その彼が物した処女論文が、国家の政治と学問・教育の関係を論じた「興学私議」（安政六年）であった(99)。その後の彼は、西洋軍事科学を中心とする蘭書の翻訳や論文執筆に専心して戊辰戦争を迎えた。彼の主要な活動は、「米百俵」の出来事の翌年、すなわち明治四年（一八七二）に郷里長岡を離れて上京した後、東京を舞台として展開されたのである。例えば、彼の成し遂げた教育近代化に関する具体的業績に即してみれば、第一に、国民形成の基礎である近代小学校において使用すべき歴史教科書『小学国史』（全十二巻、明治六年）の編纂があ

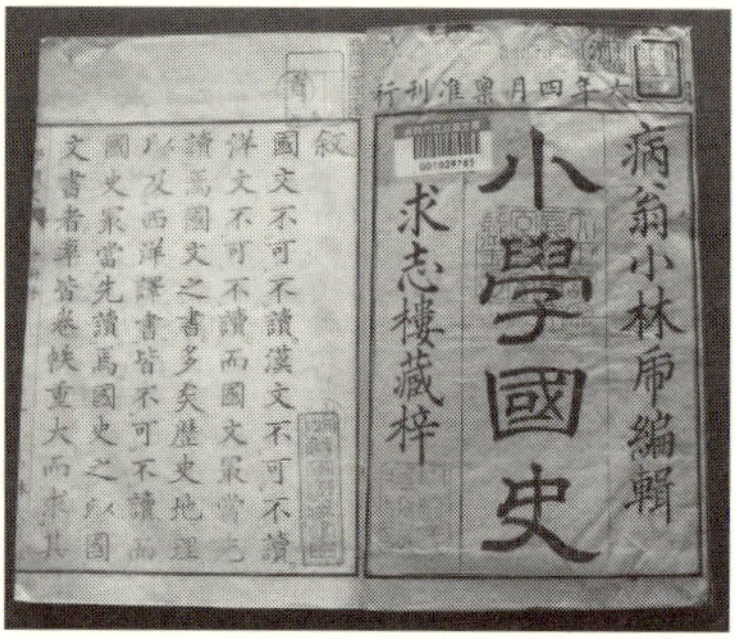

小林虎三郎著『小学国史』（全 12 巻、求志楼蔵梓、1873 年）

り[100]、第二に、ドイツの学校制度に関する最新の漢書を訓点翻刻して、いち早く日本に紹介した『徳国学校論略』（全二巻、明治七年）の刊行という画期的な活動があった[101]。さらに重要な活動として注目すべきは、これまで日本の教育学界や歴史学界では全く看過されてきた彼の教育的活動、すなわち御雇い外国人が、日本語に翻訳した最新の欧米教育書を校訂し、これを文部省から刊行するという活動が、彼によって展開されていたことである。教育近代化を急いだ文部省は、維新政府が導入した欧米モデルの近代学校教育の世界に、最新の欧米教育学の成果を摂取すべく、教育書や教授書の翻訳刊行を、国家的事業の一環として積極的に推進した。一旦は、病気を理由に文部省の招聘を辞退した虎三郎ではあったが、上京後の彼は、日本語に精通した外国人による教育書の翻訳刊行という創設当時の文部省の緊要な活動に対して、日本語訳文の校訂という地道な支援活動を、文部省の要請を受けて展開したのである。その成果が、オランダ人の御雇い外国人「ファン・カステーレン」(van Kasteel, Abraham Thierry, 1843-1878)が翻訳したアメリカの教育書『学室要論』と『教師必読』、そしてイギリスの教育書『童女筌《どうじょせん》』という三冊の翻訳書の刊行であった[102]。彼が校訂した翻訳教育書は、いまだ教育近代化の端緒にあった明治前期の日本の学校教育界に広く普及した。

だが、このような日本教育の近代化推進に関わる彼の重要な活動が、これまでの「米百俵」や虎三郎に関する論考では、全く無視されてきた。そうした不幸は、越後長岡という限定された地域社会の中でのみ虎三郎を捉え、しかも、その彼を、歴史的な美談としての「米百俵」の主人公という一点から理解し顕彰しようとする歴史の見方、すなわち狭隘な郷土史観のなせるわざ、といわざるをえない。恩師象山の説いた「東洋道徳・西洋芸術」思想の、最も誠実な理解者であり、継承者であった小林虎三郎。彼こそは、幕末維新の動乱期に、世界の動向の中で日本の近代化を展望し、その実現を人材育成という教育的な視座から探究し実現しようとした、スケールの大きな人物であった。さすれば、「米百俵」という史実は、戊辰戦争を挟む半世紀に亘って展開された、彼の教育的な軌跡の一つの具体的な断面として、捉えられ意味づけされるべき出来事ではないのか。よしんば三根山藩から「米百俵」が送られず、したがって有三の描くような感動的ドラマは誕生しなかったと

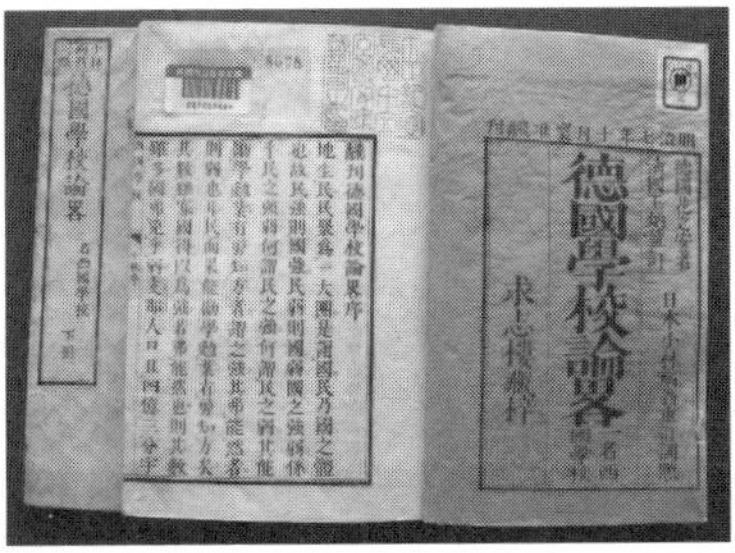
小林虎三郎訓点翻刻『徳国学校論略　一名西国学校』（上下二巻、1874年）

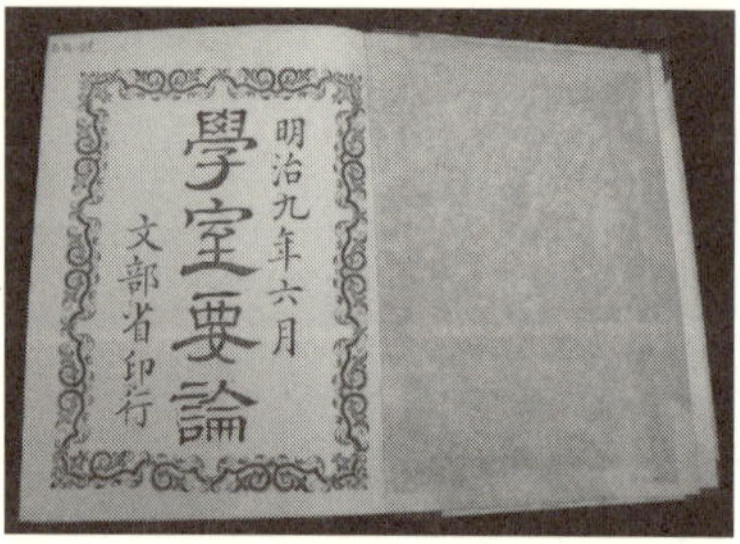

小林虎三郎校訂『学室要論』（米国人ハート著、文部省刊、1874 年）

小林虎三郎校訂『教師必読』（米国人ノルゼント著、文部省刊、1874 年）

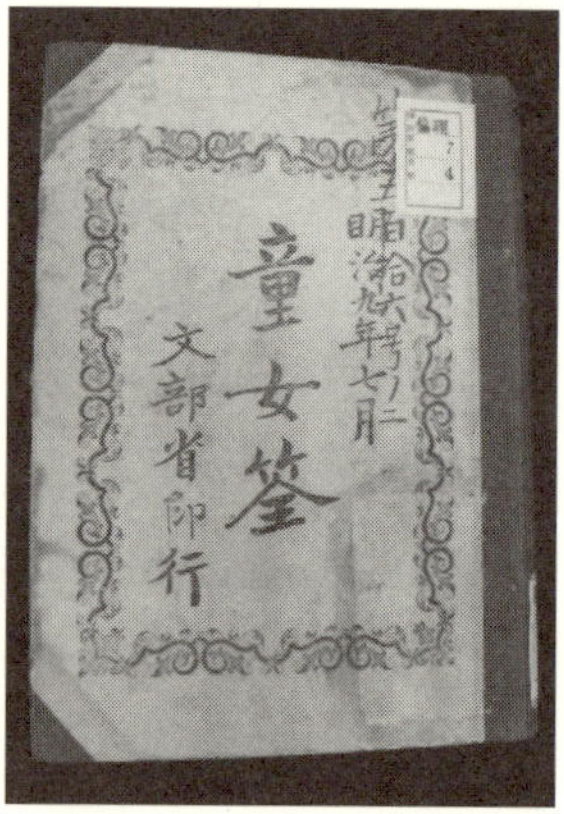

小林虎三郎校訂『童女筌』（英国人ヴァレンタイン著、文部省刊、1874 年）

しても、虎三郎の描いた教育的軌跡は、日本の教育近代化、否、教育を含めた日本の文明開化に深く関わるものであり、その歴史的な意味や役割は決して看過しえないものであった。そう考えると、実は、史実「米百俵」において注目されるべきは、これまで封印されてきた、送った側の三根山藩の存在ではなかったのか。自らの苦境を顧みず、宗家に「米百俵」を送るという崇高な決断と実行、それを支えた三河以来の武士道精神、これこそが史実「米百俵」において玩味すべき歴史的ドラマではないのか。厳粛なる歴史的な事実に即して、厳しく「米百俵」の教育的世界を凝視し、その歴史的な意味を吟味しようとする、例えば虎三郎のような学識と慧眼を備えた人物が、もしかしたら現代社会の片隅にも存在するのではないか。そう、思えてならない。

第三章 「米百俵」を送った三根山藩とは

(1) 幕末維新の動乱に揺れる三根山藩

長岡藩から分家独立、そして旗本から大名に

長岡藩に「米百俵」を送った三根山藩とは、三河以来の徳川家重臣であった譜代大名たる長岡藩牧野家の分家である。元々、牧野家は、戦国大名の今川家に仕える三千石の武将で、三河国牛久保（現在の愛知県豊川市牛久保町）に居城を構えていた。だが、今川氏の滅亡後は徳川家康に帰属して数々の軍功をあげ、「徳川十七将」の一人に数えられるほどの重臣となった。天正十八年（一五九〇）、牧野康成《やすなり》は、徳川家康が関白秀吉から国替えを命ぜられて関八州を領有する際には、家康の関東下向に随い、上野国の大胡《おおご》城主二万石（現在の群馬県前橋市

大胡町）に封ぜられた。その後、康成の長男の忠成《ただなり》（越後長岡藩初代藩主）の治世となった元和《げんな》二年（一六一六）には、大阪の陣の功績により越後国頸城郡《くびきぐん》の長峰城五万石（現在の新潟県中頸城郡吉川町）に転封となり、同四年には長岡城六万四千石に移封となった。長岡入城の二年後、さらに栃尾一万石を加増され、これによって牧野家長岡藩は七万四千石を領有する三河譜代の大名として、代々、幕府の要職を勤め、明治維新の廃藩置県に至るまで存続した(103)。

ところで、長岡藩の初代藩主となった忠成は、三代将軍家光の治世の寛永十一年（一六三四）、次男の康成（祖父と同名）に一万石を分知して、越後国三島郡与板（現在の新潟県長岡市与板町）に居所を構える与板藩《よいたはん》を創始せしめた。この与板藩牧野家は、元禄十五年（一七〇二）には、さらに五千石を加増されて信濃国小諸に移封となり、小諸藩《こもろはん》として明治維新を迎えた。

さらに四男の定成《さだなり》には、次男の分家と同時に、越後国西蒲原郡の三根山（新潟県西蒲原郡の巻町と岩室村、両町村は平成十七年に新潟市と合併）に六千石（十七ヶ村）を分知し、旗本として分家した。このとき、定成は十八歳であった。次男は大名として分家したが、四男は旗本としての分家であった。もちろんどちらも大名として分家をしたかったであろうが、同時に二人の息子を大名として分家することは、幕府に対して憚られることであった。それ故、旗本として分家された三根山の牧野家にとっては、以後、大名に昇格することが悲願となった。何と、それから二百数十年後、その宿願が叶うことになる。すなわち、三根山藩祖の定成から数えて十一代目に当たる忠泰《ただひろ》（肥前五島福江藩主の孫）の治世で、幕末期の文久三年（一八六三）に至って、三根山牧野家は、幕府より六千石高込《たかこめ》五千石（三根山に分家するとき、表高六千石の他に五千石が余分に分知されていたのを、表高に組み入れて石高を修正）が認可され、合計一万一千石を領有する三根山藩となったのである(104)。これによって三根山家当主は藩主となり、旗本から大名（従五位下諸大夫、伊勢守）に昇格し、分家以来の悲願であった諸侯に列せられた。かくして、信濃の小諸藩牧野家と越後の三根山藩牧野家とは、宗家である長岡藩牧野家を支える両翼のごとき分家として、明治の廃藩置県を迎えるまで存続した。

戊辰戦時における小藩の悲劇——宗家長岡藩と維新政府の狭間で

幕末期に宿願の大名に昇格した三根山藩は、一万石をわずかに超える小藩であった。三根山に六千石で分知されて以降、三根山牧野家は、宗家である長岡藩牧野家の庇護と指導の下に藩政を執り行ってきた。明治四年（一八七一）の廃藩置県の当時、三根山藩の家臣団は、家老三名を含めて士族六十六名、卒族五十八名、合計百二十四名という小規模な陣容であった(105)。

三根山牧野家が旗本から大名に昇格した文久三年（一八六三）は、明治維新の五年前であり、まさに徳川幕藩体制の崩壊が急速に進行している幕末動乱の時代であった。全国の諸藩は、幕府側と朝廷側とに分れて対立抗争したが、慶応四年（一八六八）一月の鳥羽伏見の戦いにはじまった戊辰戦争で、両陣営の大勢は決した。これによって、二六〇余年の長きに亘った徳川幕藩体制は倒壊し、替わって薩長両藩を中心とする天皇親政の明治新政府が誕生した。その年の四月には「五箇条の御誓文」が発布され、翌五月には江戸城の開城となった。

大勢が決した後も、維新政府は、なおも反政府勢力を徹底して掃討すべく、旧幕府側の指導的立場にあった会津藩主松平容保《まつだいらかたもり》（一八三五―一八九三）の追討を、同じ東北の仙台藩に発令し、それへの協力を米沢・盛岡・秋田という隣接する諸藩に命じた。東北の雄藩である会津藩の征伐を、同じく東北の雄藩である仙台藩と有力三藩に命じた維新政府の冷酷なまでの制裁措置は、歴史的に強い地縁関係で結ばれていた東北諸藩の同士討ちを意図した、実に巧妙な戦略であった。それ故に、追討命令を受けた仙台藩をはじめとする東北諸藩は、会津藩の討伐に挙兵しなかったのである。やむなく新政府側は、新たに奥羽鎮撫《おううちんぶ》総督府軍（総督は関白左大臣九条尚忠の第一子・九条道孝、一八三九―一九〇六）を仙台に派遣し、鳥羽伏見の戦争責任の処罰として、すでに恭順の意を表明して謹慎していた会津藩主松平容保には死罪を、そして庄内藩主酒井忠篤《ただすみ》（一八五三―一九一五）には減禄封地の上、閉居を命じた。だが、このような新政府側の高圧的な厳しい処罰が契機となって、東北二十五藩は反政府で一致団結し、同年五月には仙台藩を盟主とする奥羽列藩同盟を結成し、新政府側に対抗する意志を固めた。さらに同じ頃、北越方面でも、維新政府が派遣した会津征討越後口《えちごぐち》総督府軍（参謀は薩摩藩の黒田清隆と長州藩の山県有朋）が、新政府側についた越後高田藩（榊原家十五万石）を従え、会津藩領への入り口である北越の小千谷に進攻した。それまで中立和平の立場をとって新政府軍に恭順の意を表明していた長岡藩は、征討軍参謀の岩村高俊（精一郎、土佐藩、一八四五―一九〇六）が長岡藩家老・河井継之助の和平案を拒絶した結果、奥羽列藩同盟の成立時には参画していなかったが、同じ五月の内に、会津藩や庄内藩と共に、同盟に加わり、新政府軍と対峙《たいじ》することとなった。

牧野家長岡藩は、徳川家恩顧の譜代大名であり、歴代藩主が、老中や京都所司代などの重職を歴任する幕府中枢の名門であった。それ故に、北越地方の長岡藩が、地理的にも隣接して関係の深い東北諸藩の反政府同盟に加わり、薩長両藩を中核とする新政府の征討軍と交戦する羽目に至ったことは、当然の成り行きであったかも知れない。その長岡藩が、列藩同盟に参加したことは、同じ越後の諸藩の政治動向にも大きな影響を与え、間もなくして新発田《しばた》、村松、村上、黒川、三日市の五藩も、長岡藩に歩調を合わせて列藩同盟に加わることとなった。

新政府軍による長岡藩攻略の舞台となった北越戊辰戦争は、長岡城の争奪をめぐって一進一退の攻防を展開したが、同年七月には落城した。藩主の牧野忠訓《ただくに》は、長岡を逃れて会津、米沢へと転戦したが、ついに明治と改元される前月の慶応四年九月、米沢で新政府軍に降伏し敗戦を迎えるに至った。

では、その間、分家の三根山藩は、いかにあったか。三根山藩は、長岡藩から分家して以来、一貫して宗家である長岡藩の庇護《ひご》の下、その藩政を模範としてきた。したがって、藩の存亡に関わる北越戊辰戦争の際も、当初は宗家の選択に随い、命運を共にする覚悟であった。だが、三根山藩は、長岡城の落城を機に、宗家長岡藩が降伏する約一ヶ月前の慶応四年八月の初旬、同じ越後の三日市藩・村松藩・黒川藩・村上藩と相前後して、新政府軍に降伏し、謝罪帰順した。しかしながら、運命の悪戯《いたずら》か、その直後、三根山藩領内に進攻してきた奥羽列藩同盟の庄内藩から参戦の要請を受け、やむなく藩兵を送り出した。だが、戦況は一変、迫り来る新政府軍を前に、会津藩や庄内藩などの列藩同盟軍は、越後方面から退却し帰藩してしまった。形勢逆転の急展開を眼前にみた三根山藩は、領地領民を死守することを最優先すべき緊急課題と決し、改めて新政府軍に嘆願書を提出して謝罪帰順し、藩主自ら寺に籠《こも》って謹慎した。その後、新政府軍の赦免《しゃめん》をえた三根山藩は、再度、新政府軍に参戦して、皮肉にも、今度は庄内藩との戦闘に藩士を出兵させ、尊皇の実効をあげるに至った(106)。

なお、北越戊辰戦争のときの越後十一藩は、東北諸藩、特に隣接する会津藩とは地縁的な繋《つな》がりが強く、それ故に奥羽列藩同盟の成立に際しては、藩の存亡に関わる苦渋の選択を迫られた。その結果、越後諸藩は新政府側と列藩同盟側とに分裂し、互いが敵味方となって交戦する局面に遭遇した。戊辰戦時における越後十一藩の対応は次のごとくであった(107)。

高田藩《たかだはん》	譜代	十五万石	榊原正敬《まさたか》	新政府軍側	出兵恩賞（賞典禄一万石下賜）			
与板藩《よいたはん》	譜代	二万石	井伊直安	新政府軍側	出兵恩賞（賞典金二千両下賜）			
椎谷藩《しいやはん》	譜代	一万石	堀　之美《ゆきよし》	新政府軍側	出兵恩賞（賞典金二千両下賜）			
糸魚川藩《いといがわはん》	家門	一万石	松平直静《なおやす》	新政府軍側	協力新政府に五百両他を献上			
長岡藩《ながおかはん》	譜代	七万四千石	牧野忠訓《ただくに》	列藩同盟側	交戦	降伏	謹慎	処罰大幅減禄
三根山藩《みねやまはん》	譜代	一万一千石	牧野忠泰《ただひろ》	列藩同盟側	参戦	謝罪恭順	出兵	処罰微禄減禄
村上藩《むらかみはん》	譜代	五万石	内藤信実《のぶたみ》	列藩同盟側	交戦	降伏	謹慎	処罰家老斬首
黒川藩《くろかわはん》	譜代	一万石	柳沢光昭《みつてる》	列藩同盟側	参戦	謝罪恭順		
三日市藩《みっかいちはん》	譜代	一万石	柳沢徳忠《のりただ》	列藩同盟側	交戦	降伏	出兵	
新発田藩《しばたはん》	外様	十万石	溝口直正	列藩同盟側	参戦	謝罪恭順	出兵	
村松藩《むらまつはん》	外様	三万石	堀　直賀《なおよし》	列藩同盟側	交戦	降伏		処罰家老斬首

（雄山閣出版『藩史大事典』第三巻、他を参照して作成）

信州伊那への転封内命と反対請願運動

徳川家を頂点とする幕藩体制の崩壊から、天皇を戴く中央集権体制の近代国家の成立へと急展開する幕末維新期は、日本の歴史上における大きな時代の転換期であった。幕末期、すなわち幕藩体制が崩壊に向かう末期的な現象は、一般的には、嘉永六年（一八五三）の黒船来航という象徴的な出来事にはじまるとされる。さすれば、日本は、わずか十五年という短期間の内に、天皇制中央集権国家の誕生を告げる明治維新を迎えたわけである。いかに幕末期が変化の急激な動乱期であったか、推して知るべしである。

そのような幕末期にあって、徳川恩顧の譜代大名たる長岡藩の後ろ盾があったにしても、わずか一万石余り（実質的な禄高は六千石）の小藩である三根山藩は、あたかも大海に浮かぶ小舟のように、宗家長岡藩と新政府軍との狭間《はざま》で揺れ動きながら、どうにか藩存亡の危機を乗り切ることができた。北越戊辰戦争が終結した翌月、すなわち明治元年（一八六八）十月以降、全国諸藩の藩主は、上京して明治天皇に拝謁し、新政府に忠誠を誓うこととなった。三根山藩の第十一代藩主の牧野忠泰《ただひろ》も、同年十一月に上京して拝謁をえた。が、その直後の同年十二月九日、参朝《さんちょう》中の藩主忠泰に対して、新政府から、突然、次のような転封、すなわち領地替えの命令が出された。

一　明治元戊辰年十二月九日御用ニ付参朝ノ処御書附御渡如左

牧野伊勢守

土地替被仰付候事

但代地ノ義ハ追テ可被仰付候事

十二月

行政官(108)

いったい三根山藩は、何故《なにゆえ》に領地替えを命じられたのか。その理由としては、戊辰戦争に際して、一時《いっとき》、奥羽列藩同盟軍に加わったが故の処分か、と思われた。しかし、三根山藩自体には問題はないという。それでは、なぜなのか。実は、処罰的な措置である領地替えの理由は、「御本家様御手《おて》違《ちがい》故」、すなわち宗家である長岡藩が新政府軍に抗して逆賊《ぎゃくぞく》となったことの連座的な処罰であることが、新政府参与の木戸《きど》孝允《たかよし》（一八三三―一八七七）からの内達として伝えられた(109)。しかし、三根山藩の場合は、宗家の長岡藩に対する処罰（領地を七万四千石から三分の一の二万四千石に大幅減知、藩主忠雅の官位剥奪《はくだつ》と隠居謹慎）の厳しさとは比すべくもない、極めて軽いものであった。領地の減知ではなく転封としたのは、三根山藩が悲願の大名昇格が叶って間もなくのことであり、もしも一万一千石の所領を減知すれば大名の地位を失う羽目になってしまう。そのような非情な処罰は避けたいとする新政府側の温情からか、減知せずに転封という寛容な命令が出されたものと思われる(110)。

それでは、いったい何処《いずこ》への国替えであるのか。転封の内命を受けたときには、「代地ノ

三根山藩城代家老・神戸武徳肖像（財団法人三根山有終団理事・小島一則氏蔵）

義ハ追テ可被仰出《おおせいださるべく》(111)」とのことで、具体的な転封先は知らされなかった。翌年の明治二年（一八六九）十月二十五日、太政官《だじょうかん》から、「去辰年土地替被仰附候ニ付、上地越後国村々水原県へ引渡可致為、代地別紙高帳ノ通其藩支配ニ被仰付候間、伊那県ヨリ地所請取可申事(112)」との命が下り、転封先が信濃国伊那郡と決定された。何と新領地は、南信濃の天竜川沿いに拓けた山間地で、知行は一万五百五十五石であった。

この信州伊那谷への転封命令は、三根山藩の藩主や家臣団はもちろん、領民たちにとっても驚天動地《きょうてんどうち》の衝撃であった。三根山藩は、宗家長岡藩より分家してから二百三十余年という長い間、歴代藩主と領民とが一体となって領地を切り拓き、運命を共有する家族共同体のごとくに、厚い信頼関係を築き上げてきた。それ故、信濃国への転封という衝撃的な事態に際しては、君臣領民が一心一体となり、宗家の長岡藩や同じ分家筋の小諸藩とも連携を密にして、維新政府の関係各方面に転封取り消しの嘆願書を提出するなど、必死の請願運動を展開した(113)。

運動の中心となって関係各方面に働きかけ、東奔西走したのは、城代家老の神戸《かんべ》武徳《たけのり》（初め十郎右衛門、後、七十郎）であった。三根山藩の家臣たちの出自《ルーツ》は宗家の長岡藩である。が、とりわけ神戸の場合は、実父の武正（四郎左衛門）が、長岡藩士・梅沢百助の第三子であったが故に、長岡との因縁は深かった。学徳兼備の誉れ高かった父親の武正は、長岡藩校崇徳館の助教に抜擢された後、嫡男ではなかったが故に、三根山藩の城代家老職を勤める神戸家（百四十石）の養嗣子《ようしし》に迎えられた。養父の後を承けて家老職を継いだ武正は、財政難に苦慮する幕末期の三根山藩にあって、三代に亘る藩主（忠直、忠興、忠泰）を補佐し、執政として藩の難局を一身に背負った人物であった(114)。その嫡男《ちゃくなん》が、神戸武徳であった。彼もまた才徳兼備の逸材で、父の後を継いで城代家老に就き、幕末維新期の廃藩置県に至る藩存亡の危機的時代を乗り切った。

長岡出身の父親の人脈を継承した武徳は、宗家であり父親の郷里でもある長岡藩には、多くの友人知己を持っていた。とりわけ戊辰戦後の長岡復興の中心人物となった大参事の三島億二郎とは、極めて昵懇《じっこん》の間柄にあった。新政府から三根山藩に転封命令が出されるや否や、藩当局と領民とは、相呼応して国替え中止の嘆願運動を展開した。一藩を挙げての反対運動が奏功《そうこう》してか、最終的に転封は取り止めとなる。その間、神戸は関係各方面に働きかけて奔走したが、特に長岡藩大参事の三島が最も信頼できる相談相手であり、彼との協議を重ねながら難局打開の対応策を模索していった。その証《あかし》として、当時の三島の日記には、毎月のように神戸をはじめとする三根山藩関係者が、三島や長岡藩関係者と面談している様子が、次のように記録されている。

・明治二年正月二日

「銀一枚三根山藩より御歳暮（中略）峰山〔三根山、以下同様〕より御見舞いとして千疋〔疋《ひき》は銭十文〕被下《くだされ》しハ、旧冬十二月半也し」

・明治二年二月二十二日

「朝、浅井泰助、神戸十郎左（ママ）衛門〔右衛門の誤り、以下同様〕来ル、酒を行ふ、此方上京近き故、神戸名代勤呉れ居候由」「秦氏、峰山〔三根山〕ノ寓を訪、忠告あり」

・明治二年二月二十三日

「峰山〔三根山〕太田良右衛門〔藩の公用人〕来る」

・明治二年二月二十四日

「右、秦氏〔秦八郎、長岡藩公用人、後に坂之上小学校初代校長〕持参、峰山〔三根山〕太田〔良右衛門〕同行、蛤《はまぐり》御門《ごもん》より入、官掌《かんしょう》池田雄介氏へ出スト云」

・明治二年二月二十八日

「午後、峰山〔三根山〕ノ寓を訪替屋町〔姉小路上る〕」

・明治二年三月十一日

「神戸十郎左衛門《ママ》（三根山藩重役）来ル、十四日発し、東京へ赴也」

・明治二年四月二日

「神戸十郎左衛門《ママ》来る、版籍奉還ノ事、藩治職制ノ事相談ニ及ひ、猶、追て決定あらんと云」

・明治二年四月九日

「神戸十郎左衛門《ママ》来る」

・明治二年五月二十五日

「三根山藩邸を訪ふて神戸（武徳十郎右衛門）ニ逢ふ」

・明治二年六月二十八日

「向両国　中村屋

判　事　　前原彦太郎

権判事　　坂田　潔

京師ノ事、峰山（三根山）分をも承る様可申置事」

・明治二年六月二十九日

「午後、神戸十郎左衛門《ママ》来る」

・明治二年九月五日
「瑶台院《ようだいいん》様御忌日ニ付、御代拝ノ為メ済海寺行す、遂ニ片町峰山〔三根山〕邸を訪、神戸〔武徳十郎右衛門〕居る〔中略〕柴田、峰山〔三根山〕の為ニ周旋《しゅうせん》尽力セリ」(115)

後述するごとく、神戸武徳は、戊辰戦争の後、三根山藩大参事に就任し、藩政改革の中心者となる。藩の信州伊那への転封問題に関しても、彼が長岡藩大参事の三島と連携しつつ、難局打開の方策を模索していったのは、当然のことであった。神戸を中心とした藩あげての嘆願運動の結果、同年十二月四日、太政官より三根山藩に対して、「其藩支配地今般土地替被仰附候処、更に御詮議次第有之御差止に相成込高ノ内五百石被召上候間越後国蒲原郡平野村并《ならびに》下山村ノ内ニテ上地水原県へ引渡可申事(116)」との内容の、転封取止《とりや》めの沙汰が下された。

結局、三根山藩は、五百石の減禄という極めて軽い処罰で転封問題は落着をみ、藩祖以来の領地である越後三根山〔峰岡〕での存続が認められた。このような穏便な決定は、転封中止の嘆願運動を展開した藩当局や領民たちにとっては、この上ない喜びであった。この間の推移が、『北越略風土記』には次のように記されている。

〔明治二年〕十一月一万千石ニテ信州へ転知ノ命アリ、是ハ一旦賊《ぞく》ニ与《くみ》シタル所以《ゆえん》ナルベシ、而《しか》シテ領民追慕《ついぼ》止マズ、西京《さいきょう》〔京都〕東京共ニ哀願《あいがん》シ朝議止ムコトヲ得、領知ノ内五百石（平野村一村下山村ノ内ニテ）ヲ減ゼラレ安堵《あんど》シ、尚一万千石ヲ以テ軍役ヲ勤ム(117)

戊辰戦後の藩政改革

三根山藩は、北越戊辰戦争が終結する二ヶ月前の慶応四年（一八六八）の八月初めには、維新政府に対して謝罪恭順し、改めて尊皇の赤誠を示すべく新政府軍に参戦して出兵した。その後、間もなくして、宗家の長岡藩もまた、明治と改元される同年九月には、新政府軍に無条件降伏した。長岡藩と三根山藩に対する新政府側の処罰が一段落した翌年の明治二年四月、三根山藩は、長岡藩と共に版籍奉還を新政府に願い出た。これが同年六月に受納され、藩主忠泰は改めて三根山藩知事に任ぜられた。なお、藩図《はんず》（土地）と戸籍（人民）を新政府に返上するという版籍奉還は、明治新政府の中央集権化を意図して、新政府の主力である薩長土肥の四藩が藩主連名で、同年三月、新政府に上書したことに端を発するもので、これに倣《なら》って全国の諸藩が相次いで版籍奉還に及んだのである。

さらに維新政府は、版籍奉還の直後の同年八月（旧暦では六月）には、全国の藩知事に対して、新政府の打ち出す施策を遺漏《いろう》なく受け止め、それを藩政に円滑に実施できる中央集権的な新体制に改変させるべく、藩政改革を指示した。改革の内実は、職制・禄制・学制など、藩政の全般に及ぶものであった。藩士百数十名の三根山藩の場合は、小藩ではあったが、藩政改革を断行する上で最も重要な職制の改革を、同年十一月に行った(118)。その結果、藩の職制は七局（議定局、公務局、軍務局、民政局、会計局、監察局、学校）の編成となり、藩の重要事項を決定する議定局は、旧藩主である藩知事を頂点に戴《いただ》き、大参事（二名）、権参事《ごんさんじ》（二名）、少参事（七名）、権少参事（五名）、書記（二名）、使童《しどう》（二名）、書記下役（二名）で構成されることとなった。そして、藩の日常的な事務は軍務、民政、会計、監察の四局で執り行われること、としたのである(119)。

新職制に配置された藩政担当者の具体的な氏名を窺い知る史料は、残念ながら遺されてはいない。だが、従前の藩政では城代家老を勤めていた神戸武徳（十郎右衛門）が、この後の明治四年（一九七一）三月の廃藩置県に伴う官制改革でも、三根山藩、改め峰岡藩の執政である大参事に就任している事実から推察して、彼が最初の大参事に就任したのは間違いないことである(120)。すなわち維新後の新生峰岡藩は、神戸武徳が中心となって藩政を運営し、幕末期以来の莫大な累積赤字を抱えた窮乏財政の再建など、様々な緊急課題を、宗家長岡藩の三島大参事に相談しながら、克服していかなければならなかった。

(2) 幕末維新期における三根山藩の経済苦境

深刻化する藩の借金財政

職制改革による新体制をもって出発した新生峰岡藩（旧三根山藩）は、戊辰戦争で灰燼と化した宗家長岡藩の窮状に対しては、すでに敗戦の年の明治元年十二月には、見舞金を送っていた(121)。そして、明治三年五月には、救援米「米百俵」を長岡藩に送ることになる。だが、この救援米は、決して経済的に余裕のある中で送られたものではなかった。前述のごとく、三根山藩の財政窮乏は、大名に昇格する前の旗本時代、それも、すでに江戸中期の享保年間から顕在化した多額の累積赤字による深刻な財政問題となっていたのである(122)。

日本海に隣接する三根山藩の領地は、治水事業が完備した今でこそ、豊かな田園風景の広がる穀倉地帯となっている。が、江戸時代はもちろん、明治以降においてもなお、日本海に面する領地の多くが潟地《かたじ》を含む低湿地帯であった。それ故に、領地は絶えず冠水その他の自然災害に見舞われ、米の収穫量は極めて不安定であった。藩当局は、自然災害の度に、「遺《い》作減免《さくげんめん》」（凶作時の年貢の減免）という領民救済の措置を余儀なくされた。だが、その結果、藩の租税収納は定額を割り続け、藩財政は慢性的な窮乏状態に陥っていった(123)。藩当局としては、財源の不足分を年貢の引き上げや質素倹約で補填《ほてん》しようとしても限界があった。それ故、毎年度の藩財政を確保するためには、与板（同じ長岡藩の分家である牧野家小諸藩の旧領地）など近隣の豪商からの有利子の借金に頼らざるをえなかった。だが、いつしか借金が返済額を上回り、時代を経るごとに借財は累積して膨張し、すでに大名に昇格する幕末期の文久年間には、藩財政は破綻《はたん》寸前の苦境に陥っていた。三根山藩は、豪商からの借入と返済を繰り返す内に、年々、借金総額が膨張するという、まさに自転車操業のような綱渡りの借金財政を続けてきたのである(124)。その結果、すでに黒船来航直後の安政四年（一八五七）における借財額は、何と二万三千七百両という莫大な金額になっていた。その年の藩の収入総額は、収納米が一万二千五百俵で約四千二百両に過ぎず、し

片平山から眺望した三根山藩領の蒲原平野（手前中央の森が三根山藩の藩邸跡、三根山有終団理事・小島一則氏提供）

たがって累積した借金総額が藩の年収の五・六倍強に達し、まさに藩財政は破綻状態にあった(125)。しかしながら、藩政を維持するためには毎年の財政措置は不可欠であり、それ故に藩当局は、なおも豪商たちに依存し、彼らに領地である田畑を担保(質地)として提供してまでも、借金(郷中貸)を重ねるより他に手立てはなかったのである(126)。幕末期の三根山藩の財政は、まさに豪商からの借金によって賄《まかな》われていた、といっても過言ではなかった。

このような救いがたい財政窮乏に拍車をかけたのが、例の戊辰戦争であった。三根山藩は、譜代大名たる宗家長岡藩の連枝《れんし》であり、慶応四年(一八六八)一月の鳥羽伏見の戦い以降の戊辰戦争に際しては、宗家の動向に連動して政治的難局を乗り越えようとした。だが、肝心の宗家が、新政府軍に対して反戦中立の立場を一転して奥羽列藩同盟に参画し、反政府行動を鮮明にしてからは、分家で小藩の三根山藩は、宗家長岡藩と新政府軍との狭間《はざま》で揺れ動きながら、最終的には、宗家が降伏する前に、藩の存続を図るべくして新政府軍に謝罪恭順し、出兵せざるをえなかった。そして終戦後は、逆賊の汚名を着せられた宗家長岡藩に連座して、信州伊那への転封処分を受ける羽目となった。だが、君臣、領民が一体となった誓願運動が功を奏し、辛うじて国替え処分を免れることができたわけである。しかし、転封という政治的危機よりも深刻であったのは、戊辰戦時における二度の出兵による軍事費の支出によってもたらされた、さらなる藩財政の圧迫であった。このために、戊辰戦後における家臣たちの収入は、本来の禄高（本高）に応じて、「上は七割八分より下は六割六分引き」という大幅削減となり、当時の政情不安による物価高騰《こうとう》とも相俟《あいま》って、藩士家族は厳しい困窮生活を強いられるに至ったのである。

(3) 「米百俵」を送った三根山藩の精神

救援米「米百俵」の発送

三根山藩は、初代藩主の定成が、宗家の長岡藩牧野家から分家して以来、何事につけ宗家の藩政や慣行に倣《なら》いながら、君臣一体となって領地を治め領民を撫育《ぶいく》してきた。とりわけ、早くから顕在化する財政窮乏の問題、さらには幕末期の大名昇格問題や戊辰戦後の転封問題、等々、藩の存亡に関わる難局に遭遇した場合、常に宗家を後ろ盾として頼み、その庇護《ひご》と支援を仰いで危機を乗り越え、藩の存続をはかってきた。だが、全国の諸藩を二分した戊辰戦争の際には、三根山藩は、当初は宗家の長岡藩と行動を共にする方針であったが、領内に迫り来る新政府軍には抗しきれず、やむなく宗家が降伏する前に謝罪恭順し、一転して新政府軍側に藩士を出兵させざるをえなかった。

このような戊辰戦争の非常時には、宗家を慮《おもんぱか》る余裕などなく、領地領民の死守をこそ第一と決した三根山藩の窮余の行動は、藩主や家臣たち、あるいは領民たちにとっては、いかなる思いを刻むことになったのであろうか。後述するごとく、三河以来の武士道精神を頑《かたくな》に踏襲する三根山藩の君臣主従はいうに及ばず、その藩政の下で精神的な薫陶を受けた領民たちもまた、正義を掲げて薩長中心の新政府軍に抗して敗北し、厳しい処罰を受けて逆賊《ぎゃくぞく》の汚名を着せられた宗家の長岡藩に対しては、筆舌に尽くし難い不義理の念を、そして払拭《ふっしょく》しがたい破廉恥《はれんち》の心を、深く刻印されたにちがいない。それ故に、藩主の忠泰は、戊辰の戦後、賊軍の烙印《らくいん》を押された宗家長岡藩に対する処罰を憂慮し、長岡藩が降伏する直前の慶応四年(一八六八)九月末には、新政府側に、長岡藩に対する寛大な処置を求める嘆願書を差し出していた(127)。

このような宗家の行く末を危惧《きぐ》する三根山藩の行動を、当の長岡藩の人々がどのように受け止めようとも、結果としては、忠誠が反逆に、報恩が破廉恥に逆転してしまったという三根山藩関係者の無念の思い、悔恨《かいこん》の情は、いかばかりであったか、察するに余りある。

戊辰戦争の後、城代家老から藩執政の大参事に就任した神戸を中心とする三根山藩の関係者は、維新政府から戦後処分として内示された転封問題や財政窮乏などの難局打開に苦慮したが、なおも頼みの綱は宗家の長岡藩であった。それ故に神戸は、窮地に立つ宗家長岡藩の戦後復興を任された藩大参事の三島をはじめとする藩関係者と連携を密にはかりつつ、三根山藩の難局打開に奮闘努力していった。そのため、後述するごとくに神戸は、幾度も長岡を訪問している。その神戸が目にした父祖の郷里である長岡の敗戦後の光景は、いかなるものであったか。藩のシンボルであった長岡城は炎上焼失してすでになく、城下は焼け野が原と化して多数の死傷者を出した。生き残った人々もまた、食なく住なき窮乏の生活に喘《あえ》いでいた。正義を貫いて敗者となった戦後長岡の風景は、まさに言語を絶する悲惨な状況であった。実父が長岡藩の出身者であった神戸にとって、廃虚のごとくに変わりはてた長岡の光景は、信じがたいものであったに違いない。しかし、それはまぎれもなく敗者の風景であった。虎三郎は、戊辰戦後の焼け野が原と化した長岡城下の無惨な光景を、次のように漢詩に詠んでいる。

南天《なんてん》を一望して高台に上る　　十世の城楼《じょうろう》已《すで》に灰となる
故山《こざん》を指点《してん》すれば近く眼《まなこ》にあり　　雲容樹色《うんようじゅしょく》哀しみ絶へず(128)

焼け野が原となった長岡城下を、高台に上ってながめてみると、十数代も続いた城楼（城の物見《ものみ》櫓《やぐら》）は、すでにに焼け落ちて灰となっている。全てが焼け落ちて、遠くの山々との間には、目をさえぎるものは何もなく、雲も樹木も哀しみに満ちている。

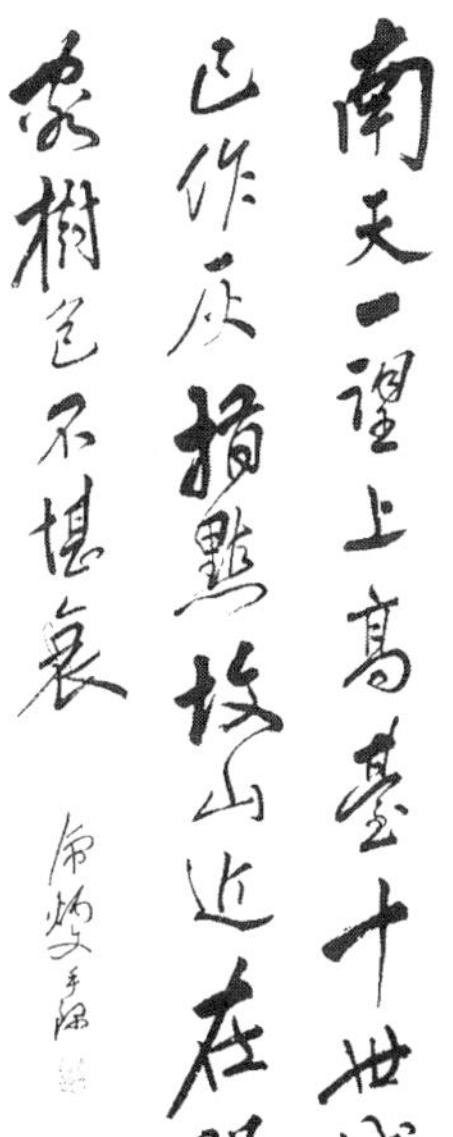

小林虎三郎が戊辰戦争の直後に詠んだ漢詩（長岡市立中央図書館蔵）

ところで、長岡藩が新政府軍に降伏したのは、慶応から明治に改元される前月の慶応四年（一八六八）九月のことであった。が、戦争自体はその後も続き、函館五稜郭《ごりょうかく》などの抵抗があって、完全に戊辰戦争が終結するのは、翌年の明治二年六月であった。そのときには、すでに三根山藩は、長岡藩とともに版籍奉還を新政府に願い出て、旧藩主は藩知事に任じられていた。しかしながら、宗家長岡藩は、戦後処分で約七割もの禄高を削減されて藩財政は極度に窮乏し、千五百名を超える家臣とその家族は、その日の食糧にも事欠く耐乏生活を強いられていた。当時の長岡藩の悲惨な生活状況を、「米百俵」の主人公である虎三郎は、戦乱を避けて東京で勉学に勤しむ実弟の雄七郎に宛てた書翰の中で、次のように記している。

本藩極々《ごくごく》困迫を極め、士族の内にも粥《かゆ》をも三度づつすすりかね候者も有之候仕合、親類中にて梅野氏抔窮苦甚し、粥のみ食し被居候、士族等の養ひは如此にして、又公廨《かい》〔役所、官署の意〕費用も甚だ不足故、文教・武備・政治、更に如何ともすべからず、漸く来春漢学校を建候図りに致し候位の事にて遺憾千万に候(129)

長岡藩の武士たちは、藩祖以来の家訓とも言うべき「常在戦場」の精神を、平時の日常生活においても実践躬行し、「貧は士の常」（後述する家訓「参州牛久保の壁書」の一項）を旨として、質素倹約、粗衣粗食の生活を美徳として生きてきた。そのような長岡藩の武家にとっても、戊辰戦後の食糧難を初めとする極貧生活は、殊の外、過酷なものであった。とりわけ当主が戦死した家庭や老少の家族を抱える家庭の生活は、まさに飢餓状態にあった。それ故に、この悲惨な状況を何としても救済すべく、病身の虎三郎とともに長岡の復興に一身を捧げた大参事の三島億二郎は、救援米の拝借を新政府に懇請すべく、京都や東京の政府関係筋への嘆願運動に奔走していた。まさに、そのような困窮状況の最中《さなか》の明治三年（一八七〇）五月に、三根山藩は、長岡藩に救援米として米百俵を送り届けたのである。はたして、この「米百俵」は、送り主である三根山藩が、いかなる動機と経過をたどって長岡藩に恵送するに至ったものであるのか。この事実を物語る史料が、肝心の三根山藩には見当たらない。が、送られた側の長岡藩には、関係する史料がいくつか遺されていた。

まず、「米百俵」が三根山藩から送られてきたという歴史的事実とその使途に関しては、すでに詳細に論述してきた『長岡教育史料』に、「米百俵」に関する長岡藩関係史料「三根山藩士から見舞いの米百俵の使途につき達し」（明治三年五月）が収められていた(130)。そこには、分家の三根山藩から長岡藩に、戊辰戦争の見舞いとして「米百俵」が送られてきたこと、そして、これを士族の給与米としては使わず、前年に開設した藩の文武学校の「書籍・器械」の購入費に充当することに決したこと、そのように役立てることは送ってくれた三根山藩の厚意に背くものではないこと、等々が記されていた。そのような内容の同史料は、長岡藩の「士族総裁」から「士正」（藩の参事職に次ぐ重職）に宛てた公的な報告書であった。なお、上記の史料の中に「士族給与米の儀は三月中より面扶持に候」とあるが、「面扶持《めんふち》」とは、藩士の禄高に応じて俸給を支給するのではなく、家族の人数に応じて必要な扶持米を支給することを意味し、食糧難の非常事態に対応した応急措置であった。

さらに翌六月付けの史料には、「知藩事家ニて、三根山従五位様より御到来の米代金の内、百両文武取立費用として御差出しニ相成候、此段為心得申達候事　六月(131)」と記されていた。そこに従五位様とは、三根山藩第十一代藩主の牧野忠泰のことである。すなわち、この史料には、三根山藩から送られてきた「米百俵」の代金の内の百両が、藩立学校（国漢学校）の「取立費用」（新築費用）として支出されたと記されていた。
三根山藩から「米百俵」が送られてきたことは疑いえない事実であるとしても、その使途に関しては、はたして藩立学校の「書籍・器械」の購入費なのか、それとも寺院内の仮校舎から独立した新校舎を建設するための建築費に充てられたのかは、判然としない。ところが、長年、長岡市史の編纂に従事し、長岡藩関係の諸史料に精通した稲川明雄は、近年、「米百俵」の使途に関して、次のような注目すべき記述をしている。

明治三年。学芸修得が復興の第一だとする小林・三島ら藩の首脳らの意見が通り、もと城内・山本帯刀屋敷の跡の坂之上町二七番地に演武場と学堂が新築された。その建設にかかる予算はおよそ三千両。同年四月二十二日には演武場、六月十五日には国漢学校が新築移転。同時に国漢学校内に洋学局・医学局などを設けた。この新築移転の最中、三根山藩からの見舞米百俵が贈られたが、その米を金に代え教育資金にしたことから、米百俵の故事が生まれ、教育第一主義の風潮が長岡の歴史に輝きを与えることになる。（中略）
実は当時の政庁としても、百俵の見舞米には当惑した感があった。当時、長岡藩では飢餓《きが》が藩士家族を襲っていた。そこで政庁は当面、面扶持《めんふち》の非常手段で、その飢餓をしのごうとしていたのである。そこへ百俵の米がきた。当然、緊急措置として配給が議論されることになった。政庁首脳部の小林虎三郎・三島億二郎両大参事と槙清記《まきせいき》少参事は配付せず学校資金に使うことを提案した。他の評定役は配付を支持した。そこで小林虎三郎大参事が強烈に子弟の教育を説いた。米百俵の代金はおよそ二百七十両余りとなったというが、国漢学校・演武場・兵学校・医学局・洋学局にそれぞれ配付され、書籍代などの教育資金となった。(132)

戊辰戦後における長岡復興の最初の事業として、復興の担い手となる人材を育成する学校の建設が最優先され、そのための新校舎の建設費用に約三千両という莫大な予算が組まれたこと、そして新校舎が落成して寺院内の仮校舎から移転したのが明治三年の四月から六月の間であったこと、その引っ越し作業の途中の五月に三根山藩から「米百俵」が送られてきたこと、等々の諸事実を総合的に勘案して「米百俵」の使途を吟味してみると、「米百俵」を換金して「書籍代などの教育資金」に充当したという解釈は、極めて妥当性のある見解とみることができる。

いずれにしても、三根山藩から送られた「米百俵」が、戦後復興を担った藩大参事の虎三郎や億二郎に代表される、長岡藩当局者の基本的な施政方針であった「目今、藩計極々窮《きゅう》蹙《しゅく》〔困苦の極み〕ニハ候え共、文武ノ儀ハ一日休業候えハ、後来藩勢振興一日ノ遅延を引起し候(133)」という教育立国主義の観点から、食糧難に苦しむ藩士家族への生活救援米としては分配されず、長期的な長岡の復興を展望して、そのために最も重要な人材の育成を担う学校関係の費用に充てられたということは、たしかなことであった。

また、「米百俵」が送られてきた直後の「明治三年六月十二日」の長岡藩史料には、「従五位様〔長岡藩第十二代藩主の忠訓《ただくに》〕ニ於ても、此段深く御憂慮被為在候より、御家禄の内より御出費ニて、国漢学校建設ニ相成、来ル十五日開校ニ候(134)」とあり、さらに同じ月の別の藩史料には「知藩事家、御家禄の内より御出費にて、国漢学校建造既ニ成功ニ至り、当十五日開校ニ相成候(135)」と記録されている。すなわち戦後長岡の復興を、人材育成という教育第一主義の基本方針で臨もうとした虎三郎や億二郎たちの考え方に対して、戊辰戦争の責任を問われて蟄居謹慎していた「従五位様」〔前藩主の忠訓〕も賛同し、藩費から自分に宛がわれる家禄の中から学校新築費の一部を拠出した、ということである。この記録は事実と考えられる。そうであるならば、有三の戯曲『米百俵』に「食えないから学校を建てるのだ」と描かれたように、三根山藩から送られた「米百俵」〔換金すると約二七〇両〕だけで、学校の校舎新築が実現したわけでは決してなかった。「米百俵」の代金は、約三千両という莫大な建築費の一部、あるいは新築後における書籍や器械などの設備や備品の購入費に充当された可能性が高いということになる。

さらに「米百俵」をめぐって問題となるのは、送り主と送り先の特定である。先に紹介した明治三年五月の長岡藩史料には「三根山藩士族より当藩士族へ」と記されているが、その翌月の史料では「三根山従五位様より御到来の米」とある。また「米百俵」が送られた当時の藩大参事であった三島億二郎の日記「満んとこ路日ことの記」の「三年五月二十五日」には、次のように記録されている(136)。

知藩事家より、三根山知事家より御到来米、代金の内百両、文武入用ニ御出被候分配当

二十両　国漢
二十両　兵
二十両　武場
二十両　医
二十両　洋

この史料によって、先に引用した「知藩事家ニて、三根山従五位様より御到来の米代金の

内、百両文武取立費用として御差出し二相成候」と記されていた「米代金の内、百両」の内訳が判明する。と同時に、そこには「知藩事家より、三根山知事家より御到来の米」とあり、「米百俵」が「三根山藩知事家から長岡藩知事家に」送られたものと記されている。さすれば、「米百俵」に関わる当時の長岡藩関係史料の間には、送り主と送り先をめぐって、「知藩事（旧藩主）」「藩士」「士族」という用語が入り混じっており、史料相互に相違点が認められる(137)。

ついでに付言すれば、すでに紹介した中野城水著『新潟県教育史』には「牧野家の支封三根山藩（西蒲原郡）から長岡藩士へ見舞として米百俵を寄贈」とあり、また前述の土田隆夫が編集委員として関わった『長岡市史　通史編上巻』には、「長岡の困窮ぶりをみて、支藩の三根山藩士族たちは長岡藩士族に米一〇〇俵を贈った」と記されている。さらに前述の今泉省三『忘却の残塁』では、この点の曖昧さを、いち早く問題として認識し、次のように述べている。

ただここでかなりあいまいの点がみうけられるのは、今般の米百俵は三根山の牧野氏から長岡の牧野氏に贈られたものか、はたまた、三根山藩士から長岡藩士にとどけられたものかということである。前記五月七日、長岡の士族事務総裁の文によれば、はっきりと三根山藩士から長岡藩士となっているが、翌六月の「明治三年庚午歳自四月長岡来状」綴りにある文書には、「知藩事家にて、三根山従五位様より御到来の米代の内百両、

文武収立費として御差出しに相成候。此段為心得申達候」とて両家の贈答というふうに受け取れもする。(138)

今泉の見解は極めて妥当なものである。「米百俵」の送り主と受け手に関する表現は、実に多種多様であった。しかしながら、送り主とその宛て先が、どのような名称であっても、分家の三根山藩から宗家の長岡藩に対して、救援米「米百俵」が恵送されたという事実に変わりはない。

なお、「米百俵」をめぐっては、送り主の三根山藩と送り先の長岡藩の間で、戊辰戦後の難問処理に関して、両藩の執政同志(藩大参事の神戸と三島)が、意志の疎通をはかりながら難局打開に奔走したことは、前述の通りであった。それ故に、両者の間では、事前に救援米「米百俵」の件が、何らかの形で話し合われていたと推論することは、地元長岡における「米百俵」研究の第一人者と評してよい土田隆夫の研究成果が示す通り、極めて自然で妥当な理解であり、十分に信憑性《しんぴょうせい》のあること、とみてもよいであろう。

「米百俵」の搬送経路

これまでの多くの先行研究では、「米百俵」が、三根山藩から長岡藩に、どのような径路をたどって運ばれてきたのか、という搬送経路に関しては不明であった。日本海に隣接した三根山藩から、中越山間地の長岡藩に「米百俵」が送られてきたことは間違いないことである。では、どのような経路を辿って百俵の米俵《こめだわら》が、長岡の城下に運ばれてきたのか。明治維新の頃における物資の流通は、いまだ鉄道や車はなく、専ら人馬に頼るか水路に依存していた。とりわけ、いくつもの山河に囲まれ、陸路を阻《はば》まれていた越後の場合には、信州長野の善光寺平に源を発して越後長岡を通り、日本海の河口の新潟に流れ込む、わが国第一の大河である信濃川の水路が発達していた。信濃川の舟運の発達に関しては、『略風土記』には次のように記されている。

信濃川の運送は、魚沼郡六日町に胴高船あり、四十八艘《そう》を僻《(ママ)》へ、貢米四十二俵を積むを法定とす。六日町より川口を経て長岡まで通船するに山川故瀬々多く、船滞することと度々あり。依て舟の造作薄く柔軟なり。此舟瀬となき所を乗ることならず、米八、九十俵も積むべき大きさ也。（中略）長岡に大胴船八十余艘なり。米四斗入二百俵積なり。此所より新潟へ日々通船あり。是により蒲原郡三条・小須戸・大野・酒屋・新潟・沼垂辺も皆胴船を用ふるなり。(139)

したがって、三根山藩の領内から納められた年貢米は、当時は全て新潟湊の蔵宿に集められて、「新潟渡シ、長岡蔵米売留」で決済されていたという(140)。この新潟と長岡とを結ぶ物流往来の経路が、他ならぬ信濃川という水路であった。三根山藩から送られた「米百俵」の運路については、旧三根山藩の家臣であった豊原春雄（峰岡藩正権大属の豊原久一郎）の孫に当たる豊原道也（元山梨県知事）が、叔父の豊原又男（わが国における「職業紹介事業の父」）を偲《しの》んだ一文「叔父のおいたちについて」の中で、「米百俵」の搬送に関わった祖父春雄の話として、次のように証言している。

豊原家はもと長谷川姓であり、峰岡一六一番地（現在石川吉次氏屋敷）にあったのであります。叔父の父春雄（正確に申しますと長谷川久一郎春雄）という人は、非常に有能な、また、まじめな人物でありまして、その父愛親（通称久太夫）隠居のあとをついで、十四、五歳で出仕し、初めは足軽小頭でありましたが、士分に取り立てられ、次第に重用せられ、藩の郡奉行となったのであります。郡奉行と申しますと、藩の地方局長であり、御領内の行政にあたる役であります。山本有三氏の戯曲「米百俵」の発端、長岡に御分家峰岡藩から百俵の米がとどいたという、その米は、春雄が奉行して川舟で（矢川→西川→信濃川）送り出したのであります（母が祖父からじかに聞いたところによる）。(141)

これを裏付ける証言として、「旧郡奉行長谷川久一郎（後で豊原と改姓）が奉行して、川舟で矢川―西川を通り信濃川を経て長岡へ運び込んだ(142)」という叙述もある。この点に関しては、先に紹介した長岡史研究の先駆者であった今泉省三も、同様な見解を取り、「三根山藩旧郡奉行長谷川久一郎（春雄）の手によって川船で矢川から西川を通り、信濃川を経て米百俵を見舞いとして運んできた。(143)」と、述べている。

さらに近年には、上記のような見解を確認するかのように、前述の稲川明雄が、次のように具体的な「米百俵」の搬送経路を説明している。

百俵の米は舟で信濃川を遡上し夜半に城下の上田町河戸《うわたまちこうど》に到着。ただちに荷車で蔵屋敷まで運ばれている。一説によると、表町や裏町の商人の手に渡ったという説もあるが定かでない。(144)

以上のことから総合的に勘案すると、「米百俵」は、弥彦村麓に源流を発し三根山藩領の舟戸村近くを流れる矢川の船着場までは荷車で運ばれ、そこから矢川の船着き場を船出した「米百俵」は、西川を経て信濃川に入り、長岡藩領の船着き場である上田町河戸《うわたまちこうど》（河渡）に到着した、ということになる。その運路―三根山藩領舟戸村・矢川―西川―信濃川―長岡藩領の内川（柿川）の上田町河戸（河渡）―を略図で示せば次の通りである[145]。

「米百俵」の積み場所（三根山藩領舟戸村、矢川の船着場の付近、前方は多宝山、現在の新潟市舟戸）

「米百俵」の荷下ろし場所（長岡藩領の内川－姉川沿い船着場・上田町河戸（河渡）の付近、現在の長岡市上田町）

(4)　三根山藩を貫く三河武士の精神

三河武士の伝統を継承――参州牛久保の壁書

今も昔も、戦争とは悲惨で残酷なものである。正義を独占した勝者は、容赦なく敗者を裁く。戊辰の戦時においても、たとえ領地領民を死守する窮余《きゅうよ》の行動であったとはいえ、宗家よりも先に新政府軍に降伏し恭順した三根山藩の藩士たちは、正義を貫いて新政府軍と戦って敗れ、その結果、厳罰を受けて逆賊の汚名を着せられた宗家長岡藩の人々に対して、癒《いや》しがたい懺《ざん》悔《げ》の念、払拭《ふっしょく》しがたい破廉恥《はれんち》の心を、痛感したに違いない。それ故に、戊辰戦後の長岡藩に「米百俵」を送ったのは、「お詫びの気持ち」からであったのでは、と推察する旧三根山藩家臣に連なる関係者の次のような弁明は、極めて自然な人情の発露であるとみることができる。

戊辰戦争の時も、三根山藩の家老神戸氏はひそかに単身脱け出して、官軍に恭順の意を表するため、与板、長岡を経て高田の本営で長岡の陥落《かんらく》まで止めおかれ、その後は庄内攻めの先鋒とならねばならなかった。戦後の「米百俵」も或はこうしたことへの御詫《おわ》びの気持ちも潜んでいたかもしれない。(146)

三根山藩は、分家の後も宗家長岡藩とは先祖を共にし、その藩風、すなわち藩の武士としての生死を貫くアイデンティティ（identity）――武士道精神は、藩祖忠成とその家臣団の出身地《ルーツ》であった参州牛久保（三河国宝飯郡牧野村牛窪、現在の愛知県豊川市牛久保町）に居城を構えていた時代の、いわゆる〝三河武士の精神〟にあった。それは、宗家の長岡藩にあってはもちろんのこと、分家した三根山藩や信州小諸藩にあっても同じことで、牧野家の家臣の間では、「参州牛久保以来の御家風」と表現され、代々の牧野家当主とその家臣団においては、子々孫々に亘って継承し実践されるべき、三河武士としての生死の心得であった。そのような三河時代の家風を具体化した牧野家の家訓ともいうべき教訓が、実は「参州牛久保の壁書」とよばれるものであった。宗家であると分家であるとを問わず、牧野家とその家臣団の人々にとっては、等しく、この「牛久保の壁書」を貫く「質実剛健」（剛健なる心身と質実なる生活）の精神こそが根本の教えであり、さらに、それは「常在戦場の心掛」「武士の義理」「侍の一分《いちぶん》」「士の恥辱《ちじょく》」など、牧野家の家臣団の生き方を貫く実践道徳に具体化される教えであった。では、「参州牛久保の壁書」とは、いったい、どのような内容であったのか、それを次に引用しておきたい(147)。

参州牛久保の壁書

一、常在戦場の四文字
一、弓矢御法と云ふ事
一、礼儀廉恥《れんち》と云ふ事
一、武家の礼儀作法
一、出仕の礼
一、馬上の礼
一、途上の礼
一、老人の釈
一、座間の礼
一、目礼、手礼の次第
一、収籠者封手の作法
一、切腹人等検死の作法
一、同介錯《かいしゃく》の作法
一、改易人等御使心得
一、貧は士《さむらい》の常と云ふ事

一、士の風俗方外聞《がいぶん》に係ると云ふ事
一、百姓に似る共、町人に似るなと云ふ事
一、進退ならぬと云ふ事
一、鼻は欠とも、義理は欠なと云ふ事
一、腰は立たすとも、一分《いちぶ》を立よと云ふ事
一、武士の義理、士の一分と云ふ事
一、士の魂は清水で洗へと云ふ事
一、士の切目折目《きりめおりめ》と云ふ事
一、何事にても根本と云ふ事
一、荷《に》なひ奉公と云ふ事
一、日陰奉公と云ふ事
一、親類は親しみ、朋友は交り、傍輩《ほうばい》中は附合《つきあ》ふといふ事、
又一町の交り、他町の附合《つきあい》と云ふ事

以上、二十七ヶ条に具体化された牧野家の家憲たる「参州牛久保の壁書」という教訓は、「参州牛久保御家風の残り候事といひ、御先代の侍衆《さむらいしゅう》は重く賞翫《しょうがん》、常々右の趣を以て見計ひ、

子弟衆迄この通に意得させ候よし老人申候(148)」といわれるごとく、藩祖以来、宗家も分家も、牧野家当主とその家臣団にとっては、子々孫々に亘って伝承し遵守すべき武士道精神であった。

家訓「参州牛久保の壁書」は、伝承であるが故に、いつ、どこで、誰が壁書として認めたかは定かでない。だが、この壁書の精神を敷衍《ふえん》して、長岡藩の藩祖である牧野忠成が、長岡入封の頃、家臣団に掲示した「侍の恥辱十七ヶ條」とよばれる、次のような内容の家訓が遺されている(149)。

侍の恥辱十七ヶ條

成人の恥辱は戦場にておくれたる計にはあらす、その外あまた品あり
第一、虚言又は人の中を悪しく言ひなす事
第二、頭をはられても、はりても恥辱の事
第三、座敷にても路次《(ママ)》にても慮外の事
第四、親兄弟の敵をねらはざる事
第五、堪忍すべき儀を堪忍せす、堪忍すまじき儀を堪忍する事
第六、詑言《わびごと》すべき儀を詭言《うそごと》せぬ事

第七、被官の者、成敗すべきを成敗せざる事。免すべきを、免さぬ事
第八、欲徳の儀に付て、人を出し抜く事
第九、人の手柄をそねむ事
第十、好色の事
第十一、贔屓《ひいき》〔原文は負、誤植カ〕の人多き所にて、強みを出す事
第十二、手に足らぬ相手にがさつなる事
第十三、武功の位を知らすして、少しの儀に自慢する事
第十四、欲を先だて、縁類を求むる事
第十五、主君の仰なりとて、御請申まじきを辞退なく、或は御暇を
申べき儀を、とかくして不申事
第十六、仕合よき人をば悪きも誉め、仕合あしき人をばよき人をもそしりあなづる事
第十七、我身少し仕合よき時はほこり、めて〔ママ〕になりたる時はめいる事
右十七ケ條は大方也、この外にもあるべし、日頃穿鑿《せんさく》し置くべし

以上に紹介した「参州牛久保の壁書」と「侍の恥辱十七ヶ條」とは、戦国時代を勇敢に生き抜いてきた三河武士としての誉れ高い牧野家家臣団の、生死の拠り所であった。それ故に、

代々、継承し遵守《じゅんしゅ》してやまない家訓であり、家臣たち個々人にとっては、それこそ有限なる生死の一期《いちご》を、侍としての面目を保って生き抜く上での崇高《すうこう》なる実践規範であった(150)。このような「質実剛健」を根本精神として、打算や妥協を排し（百姓に似る共、町人に似るなと云ふ事）、徹底して「恥辱」を知り（礼儀廉恥と云ふ事）、そして「義理」を貫き（鼻は欠とも、義理は欠なと云ふ事）、どこまでも清廉潔癖《せいれんけっぺき》を貫く牧野家家臣団の処世訓、人生訓こそは、打算や妥協を排して、大義を掲げて新政府軍に抗し、城下が灰燼と化した宗家長岡藩の悲劇を惹起《じゃっき》する基因ともなった精神、といわざるをえない。利害得失という世俗的価値を度外におき、武士としての面目を保持するために最善の努力を惜しまず、その結果、本分が立たない場合には死をも辞さぬ「侍」の生き方、それこそが牧野家家臣団を貫く三河武士の精神であったとみてよい。

だが、そのような妥協や打算を許さず、真義、忠孝、廉恥、至誠に殉ずる三河武士を貫く、徹底した没我的精神こそは、同時にまた、虎三郎や億二郎など、戦後復興に挺身《ていしん》する長岡の人々を支える「常在戦場」「貧は士の常と云ふ事」の精神ともなった源泉であり、そして分家三根山藩が自らの窮乏を省みず、維新政府の目をも憚《はばか》らずに、宗家長岡藩の窮状を我がことと受け止め、「米百俵」を送った旧恩深謝の義理の精神（「腰は立たすとも、一分を立よと云ふ事」「武士の義理、士の一分と云ふ事」「日陰奉公と云ふ事」）でもあった。まさに、三根山藩牧野家とその家臣団の、宗家長岡藩に対する報恩奉公の具体的実践としての救援米「米百俵」の恵送は、「恥辱」や「義理」を内実とする「質実剛健」の精神の発露に他ならなかったのではないか。

三根山藩の家臣や領民たちにとっては、宗家の長岡藩に「米百俵」を送り出すことは、戊辰戦時の恥辱を晴らして義理を恢復《かいふく》する一大事であったに相違ない。「米百俵」の話をまとめ上げた三根山藩側の責任者は、他ならぬ旧城代家老で大参事の神戸武徳であったと思われる。その直系の孫である神戸孝平は、「米百俵の話であるが、（中略）祖父（武徳）が先頭で車を引いた列にむかって扇を振り鼓舞した。(151)」と述懐している。まさに分家である三根山藩が、困窮する宗家長岡藩に救援米「米百俵」を送り出すことは、三河以来の武士道精神を奮い起こして、宗家に対する不義理を払拭し、面目を一新する、またとない慶事《けいじ》であったに相違ない。この点においてこそ、史実「米百俵」に着目する価値があるとみてよい。史実「米百俵」の世界は、美談であるが、悲劇でもあった。

三根山藩から峰岡藩に改称、そして終焉

ところで三根山藩は、藩名が丹後国の峰山藩（譜代、京極家、一万千百石）と同訓《おなじよみ》で紛らわしいとの理由で、維新後、新政府側から改称を求められていた。信州伊那谷への転封が取り止めとなった翌年の明治三年（一八七〇）九月、太政官より「峰岡藩ト改称伺ノ通被仰付之候」

との沙汰があり、ここに「米百俵」の送り主であった三根山藩は、藩名を峰岡藩と改めることとなった。三根山藩という藩名は、文久三年(一八六三)に旗本から大名に昇格してから、わずか七年で消え去った。

さらに藩名を改称した翌年の明治四年八月(旧暦七月)には、明治天皇より廃藩置県の詔書が発せられた。これによって、徳川幕藩体制は完全に消滅し、天皇を頂点とする新政府の中央集権体制の下に、三府三〇二県(同年十二月には三府七二県に統廃合)が配置され、峰岡藩も峰岡県と改められた。そして同年九月には、藩知事を免ぜられた旧藩主たちは東京居住を命ぜられ、三根山藩でも最後の藩主である第十一代牧野忠泰が、同年九月十四日、家臣や領民たちの盛大な見送りを受けて東京に移住した。これによって、寛永十一年(一六三四)に長岡藩から分家独立した三根山(峰山)藩は、二三〇余年に亘る長い歴史に幕を閉じた。

ところで、宗家の長岡藩は、戊辰戦後の大幅減禄で藩財政は成り立たず、藩士とその家族は路頭に迷い生活難に陥った。その結果、旧藩主の牧野忠毅は、廃藩置県の詔書の発令を待たずに、「米百俵」が送られた直後の明治三年(一八七〇)十月、新政府に依願免官を申し出て、これが認められた。他藩に先駆けての自主的な廃藩置県であった。ここに、三河以来の徳川家譜代の名門である牧野家が統治した越後長岡藩は、二五〇余年の歴史に幕を閉じることとなった。

他方、分家の三根山藩は、峰岡県と改称した直後には、いまだ県知事はおかれず、引き続き大参事の神戸武徳を中心とする旧藩時代の重臣たちが県政を執り行った。しかし、明治四年十二月には、新政府による都道府県の統廃合政策が断行され、越後の諸県は新潟県と柏崎県の二県に統廃合された。これによって旧長岡藩は柏崎県に併合されたが、旧三根山藩の峰岡県の方は、新潟県の管轄となって別れた。旧峰岡藩には、出張所がおかれた。出張所となってからも、峰岡地域に関する政務は、なおも旧三根山藩の神戸武徳たち重臣に委ねられた。

旧家臣団が法人を設立——財団法人三根山有終団

なお、廃藩置県の後の明治六年（一八七三）、旧三根山藩の士族と卒族とを合わせた百数十家の家

三根山藩歴代藩主の墓地（三根山藩菩提寺、浄土宗一山寺、新潟市福井）

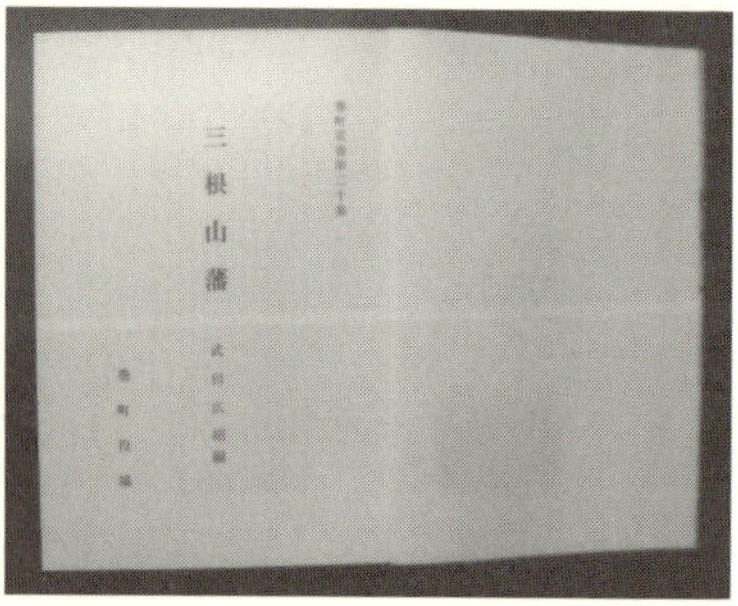

武田広昭編『三根山藩』（巻町双書第二十集、1973年）

臣たちは、東京から旧藩主を招いて開藩以来の歴代藩主を慰霊する「烈公祭」を催した。さらに大正六年（一九一七）には、旧家臣団は、「祖風の振興」「報恩の遂行」「相互扶助」を掲げて「財団法人三根山有終団」を結成し、下記のごとく大正六年一月に、当時の内務大臣後藤新平（一八五七―一九二九）より法人設立の許可が下りた(152)。

内務省五新書第三五号

新潟県西蒲原郡峯岡村大字峯岡百七拾弐番地

田中　稲城

外　四名

大正五年七月二日附申請財団法人三根山有終団設立ノ件許可ス

大正六年一月一七日

内務大臣男爵　後藤新平　印(153)

これによって旧三根山藩の家臣たちは、旧藩主家を支えると同時に、旧家臣相互の信頼と結束を強めて共存共栄していく相互扶助の体制を確立し、家臣団の祖先である三河武士以来の伝統的な藩風を継承しつつ、二十一世紀の現在に至っている。

付言するに、三根山藩が、宗家長岡藩に「米百俵」を送ったという歴史的な事実は、その後の明治・大正・昭和の戦前戦後を通じて、旧家臣団をはじめとする峰岡の人々（現在は新潟市に合併された旧西蒲原郡の巻町と岩室村）からは、決して表だって語られることはなかった。それ故、昭和四十八年（一九七三）に刊行された旧三根山藩の正史ともいうべき『三根山藩』（巻町役場刊行）にも、「米百俵」に関する記述は全くみられない。旧藩時代の家訓「牛久保の壁書」

藩邸跡地に建つ「(財) 三根山有終団記念庫」(新潟市峰岡、三根山有終団理事・小島一則氏提供)

や「侍の恥辱十七ケ條」の遺訓を遵守《じゅんしゅ》して生きてきた旧三根山藩の人々にとっては、自ら「米百俵」の史実を美談として語り伝えること、あるいは綴り遺すことは、まさに「武士の義理」「武士の恥辱」を説いた家訓の武士道精神に違背《いはい》する振る舞いであるとの、自負自尊に満ちた矜持《きょうじ》の心を堅持して生きてきた表れ、とみることができる。

おわりに

本書における論考を通して、筆者が確認ないしは発見できたことの第一は、山本有三が昭和十八年（一九四三）に出版した戯曲『米百俵』に描かれた教育的世界は、単なる逸話ではなく、たしかな史料的根拠に裏付けられた歴史的事実であった、ということである。また、その史実は、今日、地元長岡をはじめとして、一般に理解されているように、『米百俵』の作者である山本有三によって初めて発見され公表されたものではなかった、という厳粛《げんしゅく》な事実である。すなわち、史実としての「米百俵」の世界を最初に記録したのは、有三ではなく、主人公の小林虎三郎が歿してから四十年を経た、大正六年（一九一七）に刊行された北越新報社編『長岡教育史料』であった。同書には、三根山藩から長岡藩に恵送された「米百俵」を資《たすけ》として藩立学校が設立されたという事実を物語る確かな証言――同校の初代校長に就任した小林虎三郎の下で教鞭を執った教員西郷葆の談話――が、史料的根拠（「米百俵」に関する長岡藩公文書）を添えて記録されていた、という事実の発見である。西郷が証言した史実「米百俵」に関する談話は、まさに有三が描いた戯曲『米百俵』の世界そのものであった。この驚くべき新事実を明らかにできたことは、手前味噌ながら、本書における第一の研究成果《ファインディング》である。

次に、昭和五年（一九三〇）に刊行された松下鉄蔵『小林病翁先生伝』に紹介された、高橋翠村撰「病翁小林先生伝」の資料的な価値についてである。撰者の高橋は、地元長岡の誇る漢学者であり教育者であった。実は、その高橋は、何と「米百俵」の主人公である虎三郎の門人であった。彼が刻んだ碑文「病翁小林先生伝」には、『長岡教育史料』に収められた談話と全く同じ内容の、すなわち有三の作品『米百俵』の原型と認められる教育的世界が、はっきりと描かれていた。このような貴重な内容の碑文が、虎三郎門人の高橋によって、いつ刻まれたのか、その時期は不詳である。したがって、高橋の碑文と、虎三郎校長配下の教員であった西郷の証言との時間的な前後関係は、定かではない。だが、高橋の碑文が、『長岡教育史料』に収められた西郷の「米百俵」に関する談話を、事実として確認する貴重な役割をはたす先駆的な歴史史料であることは間違いない。史実「米百俵」を理解する上で、この史料の存在を看過することはできない。

さらに、本書において明らかにできたことの第三は、上記の『長岡教育史料』および高橋翠村撰「病翁小林先生伝」は、「米百俵」の理解に関する重要史料であるにもかかわらず、その後の幾多の著作物においては、全く着目されることはなかった、という事実である。特に、「米百俵」が史実であることを最初に記録した『長岡教育史料』は、近年に至るまで、その存在すら記されることはなかった。「米百俵」に関して、これほどの重要史料が、何故に看過されてきたのか、実に不可思議である。本書では、『長岡教育史料』が存在する事実と、それが長く封印されたままで「米百俵」が語られたり、あるいは記されたりしてきた事実を指摘し、このような「米百俵」の理解の下で、山本有三の作品『米百俵』の功績が高く評価されてきた経緯を、はじめて明らかにすることができた。

はたして、日本を代表する文豪の一人である有三の作品『米百俵』の影響の大きさ故にか。これまでは、送られた側の長岡藩と主人公の虎三郎にのみ焦点が当てられて、史実「米百俵」の世界は理解されてきた。だが、本書は、これまで看過あるいは封印されてきた「米百俵」の送り主の三根山藩に注目した。三根山藩の存在なくして、「米百俵」の世界は誕生しなかったからである。何故に、三根山藩は、宗家の長岡藩に救援米「米百俵」を送ったのか。その動機と経過は、そして「米百俵」に込められた三根山藩の人々の思いは。これらの疑問点をこそ、筆者は究明したかった。特に本書で注目し、解明すべき課題としたのは、宗家の長岡藩ともども、牧野家三根山藩の家臣たちの祖先が、徳川家に仕える三河武士であったこと、そして牧野家の家臣団の精神と行動の源泉が、代々、「参州牛久保の壁書」と呼ばれて継承され遵守されてきた牧野家の家訓にあったこと、さらに、その精神は長岡入城後は「侍の恥辱十七ケ條」という実践規範に具体化され、「常在戦場」を旨とする牧野家家臣団の精神的支柱となり、明治維新の廃藩置県に至るまで、脈々と継承され息づいていたこと、等々に関してであった。

明治維新の戊辰戦争に際して、軍事総督の河井継之助が率いる長岡藩は、勝敗を度外において、三河以来の武士道精神を発揮し、正義や義理、廉恥や至誠を貫き、薩長主導の維新政府軍に抗して戦い、そして敗れ去った。だが、焦土と化した戦後長岡の復興に、教育立国主義を掲げて虎三郎や彼の畏友である億二郎が立ちあがった。たしかに、私心なき彼らの奔走《ほんそう》と功績とは注目に値する。他方、財政破綻に追い込まれた自らの経済的な困窮や新政府側の監視の目をも憚《はばか》らず、敗戦後は朝敵となって我慢の生活を強いられた長岡藩に、「米百俵」を送り出した三根山藩の勇気ある決断と実行を支えていたものは、いったい、何であったのか。それもまた、三河以来の牧野家家臣団の生死を貫く武士道精神、すなわち「参州牛久保の壁書」や「侍の恥辱十七ケ條」であった。それ故に、史実「米百俵」の美談は、戊辰戦後に起きた単なる偶然の逸話では決してなかった。いうなれば、歴史的な偶然の奥深くに、時間と空間を超えて貫通する必然とも呼ぶべき普遍的な人間の精神、すなわち武士道の精神が、戊辰戦後の悲惨な長岡の現実を触媒として発露し、具体化した出来事であった、とみることができるのではないか。すなわち、三根山藩の行動は、「かく在るときには、かく在るべし」という、〝偶然の必然化の出来事〟として捉えることができるのではないか。史実「米百俵」の真実を探究するに際して、このような歴史理解の視座を提供することが、僭越《せんえつ》ながら、本書に込められた第四の意味であった。

そして最後に、蛮勇を振るって付言すべきことがあった。史実「米百俵」において真に注目すべきこと、それは、有三の『米百俵』が描き上げた、あの象山門人の虎三郎を主人公とした感動的な世界とは異なる、新たな捉え方の提示である。本文の中でも詳しく触れたが、早くも戊辰戦争直後の明治二年には、虎三郎の発意と同門畏友である億二郎の奔走とで、市内の寺院を仮校舎に藩士子弟の教育を再開し、翌年の五月には新校舎が落成して、正式に藩立学校が開校した。実は、この厳粛な歴史的事実を、どのように解釈し、いかに意味づけるか、が問題なのである。これまでは、有三の『米百俵』に代表されるごとく、教育立国思想を掲げて一人立てる孤高の虎三郎にして初めてなしうる快挙として、彼の個人的な功績を讃《たた》え、彼を英雄視する理解がほとんどであった。それも一つの捉え方ではある。

だが、維新時における新政府の政策展開という日本近代史の観点から捉えると、同じ事実が全く異なってみえてくる。三根山藩から送られた「米百俵」を資《たすけ》として長岡藩が学校を建設したという史実は、維新政府が天皇制中央集権国家の形成を意図して展開した文教政策を受けて、不可避的に惹起《じゃっき》された出来事であった、と理解することができるのである。すなわち、維新政府は、学校を通じて諸藩の領民を国家を構成する国民にまで教育することの緊要性を認識し、いわゆる「府県施政順序」を発令して、学校教育の実施を全国諸藩に命じた。そのような維新政府の御下命を受けて、長岡藩もまた、他事をなげうって廃墟の中で学校教育の再建を優先し、校舎を新築して新たな教育を再開しなければならなかった。したがって、史実「米百俵」の本質は、虎三郎が、歴史上における偶然の必然か、偶々《たまたま》、戊辰戦後の郷土長岡の復興を担わされたときに、維新政府の教育方針を自らの学問的な信念──彼が学んだ儒学の基本思想である教育立国主義──に基づいて主体的に受け止め、復興を担う人材育成のための学校建設を最優先するという大胆な決断と行動とに具体化した、という点にある。そのように捉えることの方が、はるかに自然であり妥当である。

しかし、だからといって、「米百俵」に関わる虎三郎の歴史的な功績や偉大さは、少しも失われはしない。彼が辿った高邁な教育的軌跡の全体をみるならば、いかに彼が日本の教育近代化に深く関わる重要な活動を展開して生きたか、が窺い知れるであろう。越後長岡という限定された狭い地域社会においてではなく、世界の中の日本の行く末を展望し、その日本の教育を如何に構築するかという新たな枠組《パラダイム》からこそ、彼の教育的軌跡は理解され評価されるべきではないか。「米百俵」という出来事は、彼の教育的軌跡の全体からみれば、一つの断面に過ぎない。したがって、たとえ「米百俵」という出来事が無かったとしても、日本近代化に関わって展開された虎三郎の諸々の活動は、歴史的に大きな意義を有するものであり、決して看過されるべきものではない。そう、いえるであろう。

以上に要約したごとく、筆者は、拙い本書での考究を通して、これまでの「米百俵」に関する疑問や問題点のいくつかを究明せんとした。願わくば、今後、「米百俵」という史実が、主人公である虎三郎の単なる個人的な美談としてではなく、彼の教育的軌跡の全体を包摂した日本の教育近代化という広い視座から、理解され意味づけされることを希求してやまない。そのために本書が、いささかなりとも寄与しうる新たな知見を提供できうれば、幸いこれに過ぎるものはない。そう、密《ひそ》かに念じてやまない。はたして、本書の出来栄えは如何であったか。それは、読者諸賢の厳正な評価を待つしかない。謹んでご叱正を乞う次第である。

（追　記）

筆者は、平成十六年（二〇〇四）三月に、「米百俵」を送った側の旧三根山藩領の巻町と岩室村を訪問した。岩室村では、熱い郷土愛をもって「米百俵」に関する資料を蒐集・展示されている村会議員の井田忠三氏にお会いした。その折り、同氏より三根山藩が長岡藩に送った「米百俵」の出処を示すという史料二件（同氏所蔵）を拝見した。それは、「為取交申議定證文之事」（安政六年未六月）と「奉差上出入済御證文之事」（明治二年十月）という史料であった。もし、これら両史料が語る内容が事実であれば、「米百俵」に関する新史料として大きな歴史的価値を有するものであると推測し、全文を写真に収めてきた。

信州に戻り、史料の解読を終えた直後、財団法人三根山有終団の理事の小島一則氏より、一編の論文が送られてきた。それは、亀井功論文「米百俵の米の出場所について再考を」（巻町郷土資料館友の会『まきの木』第八十一号所収）であった。筆者は、同論文を一読し、鳥肌が立った。地元の歴史や地理に精通し、地味に郷土史研究を積み重ねられてきた亀井論文は、先の両史料の内容を詳細に分析され、「米百俵」に関わる史料ではないことを証明されたものであった。亀井論文は、史料の解読、分析、解釈のいずれにおいても極めて学術的レベルの高い内容である。同論文に接することができたことに、筆者は、衷心より感謝申しあげたい。

【注記】

（1）山本有三の戯曲によって、それまでは知る人ぞ知る歴史的な逸話であった「米百俵」は、平成十三年（二〇〇一）五月七日、奇しくも国会で行われた小泉純一郎首相の所信表明演説に引用されたことで、一躍、日本の内外に報道され有名となった。小泉首相の「米百俵」に関する引用部分は次の通りである。

（前略）明治初期、厳しい窮乏の中にあった長岡藩に、救援のための米百俵が届けられました。米百俵は当座をしのぐために使ったのでは数日でなくなってしまいます。しかし、当時の指導者は、百俵を将来の千俵、万俵として活かすため、明日の人づくりのための学校設立資金に使いました。その結果、設立された国漢学校は、後に多くの人材を育て上げることになったのです。今の痛みに耐えて明日を良くしようという「米百俵の精神」こそ、改革を進めようとする今日の我々に必要ではないでしょうか（後略）

（平成十三年五月八日付、朝日新聞（朝刊）に掲載の「所信表明演説」より抜粋）

（2）山本有三『米百俵』（新潮社、一九四三）、一〇〇頁。なお、有三の作品のタイトルは、正確には『米・百俵』と、「米」と「百俵」との間に中黒《ナカグロ》（・）が入っていた。だが、その後の出版物では、中黒は略されて『米百俵』と表記されるようになり、現在に至っている。本書でも、中黒を付さずに、全て『米百俵』という表記で統一することとした。

(3)虎三郎の遺稿集である『求《きゅう》志《し》洞《どう》遺稿《いこう》』(一八九四)に収められた漢詩の一つ。明治二十六年(一八九三)八月、虎三郎の実妹の子息、すなわち外甥に当たる小金井権三郎・良精の兄弟が、虎三郎の十七回忌に当たり、彼の詩文類を蒐集編纂して、翌年四月、『求志洞遺稿』と題して出版した。同書は、A5判の和装本で、その内容は遺文を集めた「乾《けん》」と、漢詩を纏めた「坤《こん》」からなる漢文体の遺稿集である。解読するのが非常に難解であったが、近年、長岡高校の漢文教師を勤めた小林安治の国訳・略註により、『小林虎三郎の求志洞遺稿』(長岡市史双書第三十四巻、長岡市、一九九六)として公刊された。なお、同書には、同じく長岡高校教諭で教鞭を執った土田隆夫の「解説」が新たに付された(同書、五頁)。本文に引用した漢詩「静夜の吟」は、同書の一八二頁に収載。

(4)カントの名言は、岩波文庫版『実践理性批判』から引用。

(5)維新政府は、明治二年(一八六九)七月、官制位階《かんせいいかい》を改正し、新たに「二十」の位階を設けた。学校たると同時に中央教育行政府(明治四年に文部省として独立)の役割をもつ大学校には、「大監、少監、大博士、中博士、少博士、大助教、中助教、少助教、大得業生、中得業生、少得業生」などの官職が置かれた(教育史編纂会編『明治以降教育制度発達史　第一巻』、一九三八、一二〇―一二七頁を参照)。虎三郎が招聘されたという「中博士」は、従五位の官位に相当する、かなり上位の官職であった。

(6)小千谷《おぢや》談判とは、慶応四年(一八六八)五月二日、長岡藩軍事総督の河井継之助が、会津藩への入口である越後長岡領の小千谷に本営を構える新政府軍東山道先鋒総督府軍の軍監・岩村高俊を訪ねて接見し、藩主忠訓の「嘆願書」を提出して長岡藩の本意を開陳すると同時に、会津藩討伐の平和的な解決の仲介提案をした会談であった。だが、岩村は、河井の和平案を拒絶し、談判は決裂した。それまでの長岡藩は、新政府軍に対して、藩内には主戦論と恭順論とが併存して対立したが、新政府側にも奥羽列藩同盟側にも与《くみ》せず、独立独行の中立的立場を取っていた。しかし、会談決裂の後、河井総督は、新政府軍との開戦を決意して奥羽列藩同盟に参画し、交戦した。この間の経緯に関しては、坂本辰之助『牧野家家史』（蒲原拓三『長岡藩史話』と合本で、歴史図書社から一九八〇年に復刻）、同書一〇八―一一〇頁を参照。

（7）北越戊辰戦争で被った長岡藩の犠牲者は数多く、被害は甚大であった。藩兵約千四百名の内の約三百四十名が戦死、この他に武家の家族や領民にも多くの死傷者が出た。長岡城は炎上し、城下町も消失した。焼失した家屋は、武家屋敷が四百九十二戸、足軽屋敷が五百二十二戸、町屋敷が千四百七十九戸で、合計二千五百十一戸を数え、焼失率は八五％以上に上った。この他にも城下に隣接する領内郷村の家屋が千戸以上も焼かれた。（同上『長岡藩史話』二九一―二九三頁、および稲川明雄『長岡藩』（現代書館、二〇〇四）の一六六頁を参照）。

（8）虎三郎は、江戸の佐久間象山の私塾で東西両用の学問（儒学と洋学）を修得した。彼の西洋理解は、恩師の象山と同様、東洋の伝統的な学問思想であった儒学が基礎であった。それ故、彼の学問思想の特徴は、儒学的な洋学受容の理論にあった。彼の儒学理解は深く確かなものであったが、その彼が特に重視したのは、儒学の四大経典「四書」の中でも、特に『大学』であった。

敗戦後の長岡藩の政治を委ねられた虎三郎は、戦後復興の最優先事業として藩立学校の建設をなし遂げた。明治三年六月、自ら校長に就任して迎えた藩主臨席の開校式でも、彼は得意とする『大学』の講義を開陳した。残念ながら、彼の当日の講演内容を窺い知る史料は遺されていない。だが、彼が講義した『大学』は、政治目的の実現は、全ての政策実現の成否を左右する人材の有無に係っており、それ故に政治においては「人作り」、すなわち「人材育成」という教育政策が最も優先されるべきであるとする教育立国の思想であった。その思想を最も具体的に説き明かした『大学』の名言で、本分中にも引用した「修身《しゅうしん》斉家《せいか》治国《ちこく》平天下《へいてんか》」の意味を具体的に説き明かした『大学』の中の一説を、次に引用しておく。

古の明徳を天下に明らかにせんと欲する者は、先ずその国を治む。その国を治めんと欲する者は、先ずその家を斉《ととの》う。その家を斉えんと欲する者は、先ずその身を脩《おさ》（修）む。（中略）身脩まりて后《のち》、家斉う。家斉いて后、国治まる。国治まりて后、天下平らかなり。

（岩波文庫『大学』より引用）

（9）前述のごとく、山本有三の戯曲『米百俵』は、平成十三年（二〇〇一）五月、小泉首相の所信表明演説に引用され有名となった。だが、これに先立って『米百俵』は、アメリカの著名な日本文学研究者ドナルド・キーン（Donald KEENE, 1922-）によって英訳された"One Hundred Sacks of Rice"が刊行された（長岡市米百俵財団、一九九八）。

さらにマヤ文明の遺跡を誇るホンジュラス国に特命全権大使として駐在した外交官の竹元正実は、この英訳版をスペイン語に翻訳して大統領に紹介し、同国で上演して好評を博した（竹元正実『「米百俵」海を渡る』、日之出出版、二〇〇四）。そして平成十四年（二〇〇二）四月には、旧制長岡中学・長岡高校の東京同窓会が母体となって「NPO 米百俵スクールプロジェクト」（東京都港区西新橋）が設立され、カンボジアなど開発途上国における学校教育の施設設備の整備拡充のための資金援助活動を展開している。戊辰戦後の焦土の中で、小林虎三郎が掲げた郷土復興のための「米百俵」の精神、すなわち人材育成こそが国家建設の基本という「教育立国の精神」は、今では遠く海外にまで広がりをみせている。

（10）星野慎一（一九〇九―一九九八）は、長岡市内東千手町の生まれで、地元の千手小学校を卒業後は、旧制長岡中学校（現在の県立長岡高校）、旧制新潟高校（新潟大学の母体の一つ）を経て、東京帝国大学文学部独文学科に入学し、同大学を昭和七年（一九三二）三月に卒業した。その後は、私立の旧制成城高校を皮切りに、国立の埼玉大学、東京教育大学の教授を歴任した。文学博士。ドイツ語の語学教育に関する著書を数多くもつが、何と言っても「ゲーテ詩集」や「リルケ詩集」など、ドイツ詩集の翻訳者として著名である。大学を定年退職してからは、郷里の長岡に戻り、『長岡市史』の編集委員長を務めるなど、郷里の文化事業に貢献した。なお、歿後、遺族から彼の膨大な蔵書類が長岡市立中央図書館に寄贈され、現在、「星野慎一文庫」として保管されている（「星野慎一先生追悼特集」〈『影』第四十一号、東京教育大学「影の会」、一九九九〉。「追悼　星野慎一先生」〈『Penac』第二十四号、長岡ペンクラブ、一九九九〉等々を参照）。

(11)星野慎一の論文「戊辰戦争と長岡藩――「米百俵」の原点を見つめる――」は、『長岡市史研究』第五号（平成六年、長岡市発行）に収載（同書、九三―九七頁）。

(12)同上、星野慎一論文「戊辰戦争と長岡藩――「米百俵」の原点を見つめる――」（『長岡市史研究』第五号、九七頁）。なお、星野たちに「米百俵」の史実を話したという「平松周治」という先生は、信州上田市の出身で、大正三年一月から同十三年五月まで旧制長岡中学校に在職、「理化《（ママ）》」を担当した。昭和四十三年五月十日に逝去された（長岡高等学校同窓会『創立百二十五周年　会員名簿』、一九九七年一月刊、「旧職員」を参照）。

(13)同上、星野慎一論文「戊辰戦争と長岡藩――「米百俵」の原点を見つめる――」（『長岡市史研究』第五号、一〇一―一〇二頁）。

(14)山本有三の初版本『米百俵』（新潮社、昭和十八年六月）の「はしがき」（同書の二―三頁）。

(15)星野慎一が翻訳した『土地なき民』（全四巻、東京・鱒書房、一九四〇―一九四一）の原作者は、ドイツ人の小説家ハンス・グリム（Hans Grimm, 1875-1959）であり、原著名は"Volk ohne Raum" (München: Albert Langen, 1926) であった（"Biographie Veröffentlichungen Nachlaß Literatur," Martin Wellmann ,2004）。「独逸民族の運命を赤裸々に描いた骨の髄まで独逸的な作品」（訳者である星野の「あとがき」）といわれる『土地なき民』は、ドイツ語で書かれた原書自体が千五百頁という大作であった。それを星野は、大部な全三巻（五百頁前後という大部の翻訳書三冊）に訳して出版した。

(16)前掲、『米百俵』、一三一―一三四頁。なお、後述する月刊雑誌『改造』（第二十四号）では、同雑誌の一六九―一七〇頁に同文が掲載されている。

(17)同上、『米百俵』の「はしがき」、同書の一七〇頁。

(18)月刊雑誌『改造』第二十四号は、昭和十七年七月一日の発行。有三の論文は、同誌の最後部（一六九―一八九頁）

に掲載された。なお、太平洋戦争中の同誌には、「生産力高揚の日本的課題」（服部英太郎）や「錬成と学問」（安倍能成）など、有三の「米百俵」とは対照的な戦時色の強い論文が巻頭を飾っていた。

(19)同上、『米百俵』の「はしがき」（一七一頁）。

(20)有三は、大正四年（一九一五）七月、東京帝国大学独文科を二十八歳で卒業した。その後、同六年三月、三十歳のときに早稲田大学講師に推挙されてドイツ語を講じ、さらに昭和七年（一九三二）三月には、明治大学に文芸科が創設されるに際して、同大学から懇望されて初代学科長に就任した。

(21)有三が出版した初版本の『米百俵』に収録された論文「隠れたる先覚者　小林虎三郎」（同書、一二七―一六八頁）と「そえがき」（原文では「そへがき」と表記、同書一七〇―二二〇頁）とは、質量共に論文と呼ぶに値する充実した内容であった。特に「そえがき」は、「米百俵」が史実であることを、様々な関係史料の検証を通して証明した、歴史学的価値の高い論文と評してもよい内容であった。

(22)有三の戯曲「米百俵」は、最初に月刊雑誌である主婦之友社編『主婦之友』の昭和十八年（一九四三）一月号（二四―三八頁）、および二月号（二二―三七頁）に連載された。内容的には、同年六月に単行本として刊行される『米百俵』に収録された戯曲「米百俵」と全く同じ内容である。しかし、初出の『主婦之友』の場合には、冒頭の標題「米百俵」の左側には、作者である山本有三と列記で「野田九浦画」と記されており、両号の文中には数枚ずつの挿画《そうが》が掲載されていた。しかし、単行本になったときには、それらの挿画は全て削除された。

　ところで、有三は、何故に戯曲「米百俵」を、最初に婦人向け雑誌『主婦之友』に発表したのか。彼は、その理由を、連載した「米百俵」の後編の末尾に「あとがき」を付して、次のように記している。

　新篇「路傍の石」を中絶してから、まる二年中になります。それから一篇も、わたくしは作品を書いておりません。しかし、もし、あたらしい創作ができた場合には、突然中絶をした手前、第一に、その原稿を本誌に送らなくては申しわけが立たないと、つねづね心に誓っておりました。戯曲は、本誌のような雑誌には適当な読み物ではないと思いますが、書きあがりましたままに、ここに発表する次第です。

上記の引用文に記されているごとく、有三は、月刊雑誌『主婦之友』に連載していた『新編　路傍の石』の原稿を、昭和十五年（一九四〇）七月号の発表分を最後に、中断していた。この、いわゆる有三の「ペンを折る」の宣言以来、初めて書いた作品が戯曲「米百俵」であった。この原稿を、律儀な有三は、以前に連載を中断して迷惑をかけた『主婦之友』に掲載することで作家としての義理をはたしたいと想い、再度、ペンを執るに至った、というわけである。

(23)新潮文庫として再版された『米百俵』には、作家高橋健二の「編集後記」が付された。そこには、『米百俵』が最初に上演されたときの演出や配役が具体的に紹介されている（同書、一八一頁を参照）。

(24)同上、新潮文庫版『米百俵』の高橋健二「編集後記」には、有三の『米百俵』が絶版に追いやられる経緯が叙述されている（同書、一八〇頁）。

(25)星新一著『祖父・小金井良精の記』（河出書房新社、一九七四）。ショートショートの名手として有名な国民的作家であった星新一（星製薬株式会社及び星薬科大学の創立者である星一《ほしはじめ》の嫡男、一九二六―一九九七）は、虎三郎の実妹（幸《ゆき》）の次男である東京帝国大学医学部教授・小金井良精の孫であり、『米百俵』の主人公の縁戚に当たる人物であった。そして、良精の次女が星一の妻であった。ついでながら、良精の妻は、彼が出郷後、経済面はもちろん、それこそ親代わりのような厚い庇護を受けた小松一族（信州松本藩出身で、象門後輩の小松彰とその実弟である精一）の出身（精一の長女の養子となった小松維直の娘）であった（星新一『祖父・小金井良精の記』七〇―七一頁を参照）。だが、明治十八年十一月に結婚してから半年後の明治十九年五月、不幸にも新妻は病死。それから二年後の明治二十一年、すでに東京帝国大学医学部教授になっていた良精は、親交のあった同じ医学者の森倫太郎（鴎外）の実妹・喜美子と再婚する（同上『祖父・小金井良精の記』一一八―一二六頁を参照）。すなわち、星新一の祖母となった女性である。喜美子は、実兄である文豪・森鴎外に似て文才に恵まれていた。沢山の作品を遺しているが、とりわけ義父母である長岡藩士・小金井儀兵衛の妻（小林虎三郎の実妹）からの聞き語りをまとめた「戊辰のむかしがたり」（稲川明雄編『北越戊辰戦争史料集』、新人物往来社、二〇〇一、に全文所収）は、戊辰戦争の実態を知ることのできる貴重な資料となっている。

(26)新潮文庫版『米百俵』の高橋健二による「編集後記」には、『新潮社八十年図書目録』を根拠として、同書が自主回収される同年十月までに「六万部」が刊行されていたと記されている（同書、一八一頁）。

(27)初版本『米百俵』の「はしがき」（同書、一頁）。

(28)同上の「はしがき」（同書、二頁）。

(29)坂口五峰著『北越詩話』（二冊）は、初版は著者名が「坂口仁一郎」、出版者名が「目黒十郎」で、大正八年（一九一九）に二冊本「乾坤」として刊行された。昭和戦後の昭和四十九年（一九七四）の復刻版では、著者名が「阪口五峰」に変更され、「国書刊行会」から上下二冊本で再版された。

(30)横山健堂著『旧藩と新人物』は、東京の敬文館書店から明治四十四年（一九一一）に出版。

(31)山崎有信著『幕末血涙史』は、東京の日本書院から昭和三年（一九二八）に出版。

(32)象山門人の結束は堅く、象山亡き後の明治維新後も、門人同士が相互に連絡を取り合い、恩師象山の遺稿集の出版や顕彰碑の建立など顕彰活動を行った。そうした門弟の中心にいたのが象山の義弟である勝海舟であった。海舟の日記（『勝海舟全集』第二十巻、勁草書房、一九七三）には、虎三郎をはじめ、津田真道（真一郎）、北沢正誠、渡辺驥《すすむ》（一八二九―一八九〇、司法省大書記官。元老院議官、大審院検事長、貴族員議員などを歴任）、さらには虎三郎が甥の縁談を通して縁戚関係になる小松彰など、象山の門人名がしばしば登場し、彼らが親交を深め相互に支援しあっていた様子を窺い知ることができる。虎三郎（病翁）が病没した翌日の明治十年二十五日の海舟日記には、「小林病叟、死去の知らせ来る」と記されていた。

(33)北沢正誠《まさなり》（一八四〇―一九〇二）は、象山の郷里である信州松代藩の出身。象門では長岡藩出身の三傑（小林虎三郎、三島億二郎、河井継之助）の後輩に当たる。彼は、維新後も、虎三郎や億二郎と連絡を取り合い、恩師の遺稿集の編集刊行や顕彰碑の建立などに尽力した。北沢の略歴は次の通りである。

長野県士族旧松代藩士にして、文久二年の冬に象山に入門、象山が没するまで教えを受けた。中村敬宇と親交が深く、維新後は松代藩少参事。明治十年、外務省書記官。華族女学校学監、東京本郷区長などを歴任。『洋学先哲碑文』の編者。元老院五等議官従五位勲六等。（大植四郎編『明治過去帳』、六一九頁を参照）。なお、彼は、「明治三十年頃から僅か数カ年であるが、新潟県立高田中学校へ信州松代の旧藩士北沢正誠が国語・漢文の教師として在職」した。

（雑誌『信濃』第二十一巻第一号所収、渡邊慶一論文「佐久間象山と越後」）

(34) 小松彰（一八一九―一八八八）は、信州松本藩の出身。彼は、象山塾では長岡藩の虎三郎や億二郎、継之助の後輩。虎三郎や億二郎は、戊辰戦後の長岡復興に際しては、同じ象門の北沢と頻繁に連絡を取り、彼および彼の人脈の理解と助力をえて維新政府と交渉し、難局を乗り越えた（長岡市史編纂室編『三島億二郎日記（２）――廃藩置県前後――』や今泉省三著『三島億二郎』などには、小松の名前が頻出）。

さらに虎三郎の甥（実妹の次男）である小金井良精（後に東京帝国大学医学部教授）は、戊辰戦後の明治三年（一八七〇）七月、学問的大成を目指して郷里の長岡から上京、小松彰の食客となって大学南校（東京大学の前身）に入学する。以来、良精は、小松と彼の実弟（小松精一）の庇護を受けて医学者となる（前掲、星新一『祖父・小金井良精の記』、四九―五二頁を参照）。これも象門の後輩である小松と虎三郎の深い友情によるものであったとみられる。

なお、小松は、維新後は数県の県令を歴任し、明治九年（一八七六）には文部大丞に就任した。だが、その後、退官して明治十一年（一九七八）には東京株式取引所頭取、同二十年（一八八七）には両毛鉄道の創設に参画して取締役に就任するなど、日本近代化を担って中央経済界で開拓的な活動を展開した。だが、明治二十一年（一八八八）、四十七歳という若さで病没した。

（赤羽他編『長野県歴史人物大辞典』、郷土出版社、一九八九）

(35)『米百俵』の執筆を計画していた山本有三は、虎三郎の甥で、東京帝国大学医学部教授の小金井良精を訪問し、疑問点を尋ねたところ、「『求志洞遺稿』は、いっさい兄がやったもので、自分はただ名まえを出しただけのものに過ぎない。一体、自分の方面ちがひ《(い)》のはう《(方)》（解剖学、人類学）をやっているものだから、を《(お)》じの事は、すこしも調べていないので、何も分からない。」（前掲、山本有三『米百俵』の「そへがき」、同書二〇〇頁）と答えている。この証言からも分かるように、虎三郎の遺稿集『求志洞遺稿』は、甥の小金井権三郎と良精の兄弟による編集刊行となってはいるが、実際は兄である権三郎の仕事であった。

　ところで、長岡藩の奉行職を勤める中級武家の小金井家を継いだ権三郎に関しては、経歴などを記した資料が見当たらず、不明な点が多かった。だが、筆者は、今回、前掲の星新一『祖父・小金井良精の記』に出会って、彼の経歴や人となりに関する詳細を知ることができた。すなわち星は、前述の『祖父・小金井良精の記』で、良精より三歳年上の長兄・権三郎について、独立した一項を設けて詳しく叙述している（同書、二六四―二七〇頁）。それによると権三郎もまた、虎三郎の実弟・雄七郎と同様に、福澤諭吉の慶應義塾に学んだ。長岡に帰郷後は教職に就き、長岡市内の坂之上小学校（前身は、三根山藩から送られた「米百俵」を設立資金にして新築したという藩立国漢学校）の第二代校長を勤めた（長岡市立坂之上小学校沿革史『坂之上の教育』、一九六九、五二頁の「歴代校長」を参照）。だが、才気煥発な権三郎は、地味な教職には甘んじえず、やがて教職を辞して「士族の商法」に身を転じた。いくつかの商売を転々として失敗を重ねた後、弟の良精がドイツ留学から帰朝して東京帝国大学医学部の教授に就任する明治十九年頃、彼は郷里を後にして上京、叔父である小林雄七郎（虎三郎の実弟）の口利きで福澤諭吉が創設した新聞社「時事新報」の記者となる。雄七郎は、明治二十三年（一八九〇）の第一回衆議院選挙に当選し代議士となるが、翌年に急死。この緊急事態を受けて、何と権三郎が衆議院選挙に身代わり出馬して当選、彼は晴れて代議士となった。だが、これも一回だけで、二期目は立候補しなかった。その後の彼は、民間企業に関わって何とか生計を立てたが、大正十四年（一九二五）七月、胃ガンで病死した。彼は、実家を継いでからは、紆余曲折に満ちた人生を歩み、終生、医学者である実弟の良精に経済的な支援を仰いだ。

(36)前掲、小林安治国訳・略註『小林虎三郎の求志洞遺稿』の一九頁。なお、『求志洞遺稿』に収録された虎三郎の遺稿は、全て漢文体であるが、以下の本稿における引用は、小林安治国訳・略註『小林虎三郎の求志洞遺稿』からのものである。

(37)『近世越佐人物伝』は、新潟県岩船郡村上町在住の藤原銀太郎編輯、新潟県南蒲原郡三条町在住の樋口源吉発行、擁天堂出版部の発売。

(38)北越新報社編『長岡教育史料』(北越新報社刊、一九一七)。

(39)同上、『長岡教育史料』、一三―一四頁。

(40)同上、『長岡教育史料』、一四頁。

(41)小村弌論文「小林虎三郎伝(三)」(新潟県民俗学会監修『高志路《こしじ》』戦後版新十一号、一九四八年五月発行に所収、同書十三頁)。

(42)前掲、『坂之上の教育』(一九六九)、一七―一八頁。なお、「米百俵」に関わる藩立国漢学校は、明治四年七月の廃藩置県と同時に柏崎県の管轄となり、校名も「分校長岡小学校」となる。さらに同校は、明治七年九月には、「坂之上小学校」と「表町小学校」に分かれる。実は、そのときに表町小学校の初代校長に就任したのが、「西郷葆」であった(『長岡市史　資料編四　近代二』、一九九三年、二七九頁)。

(43)今泉省三著『長岡の歴史』第四巻(野島出版、一九六八)、三七一―三七三頁。なお、柏崎県から任命された「貫属《かんぞく》」である「触頭」は、「家中屋敷・足軽屋敷を対象とする上意下達機関で、いまでいう町内会長的な性格」で、「明治維新政府の新しい多岐の行政事務の周知」を役務とした(同書、三七五頁)。

(44)戊辰戦後に、分家の三根山藩から宗家長岡藩に救援米として「米百俵」が送られたことが、歴史的な事実であることを最初に記録した文献は、本文中で述べたごとく、大正六年(一八一七)に公刊された北越新報社編『長岡教育史料』であった。この厳粛な事実が公的に認知され、「米百俵」に関する第一級の長岡藩関係史料「触書(明治三年五月七日附を以て士族一統への布告）」の出典として、『長岡教育史料』を記録したのは、「米百俵」の出来事から九十年近くも後に刊行された『長岡市史　資料編三　近世二』（長岡市発行、一九九四、同書、八六二頁）であった。その間に刊行された数多くの著作物は、『長岡教育史料』を看過し続け、その存在すら記すことはなかった。

(45)今泉鐸次郎著『長岡三百年の回顧』（北越新報社、一九三二）の一六九―一七二頁を参照。なお、国漢学校、長岡洋学校、長岡病院等の開設に際しての難問であった資金調達法が、次のように具体的に記されていることは注目すべきである。

国漢学校（明治二年六月十五日開校）長岡洋学校（同五年十一月三日開設）等設立され、又開墾《かいこん》の名義で事実貰《もら》い受けた城址《じょうし》の悉皆《しっかい》を売却して得たる金を、小学校の資本金（一部は多年坂之上校《さかのうえこう》の資本金となり、一部は今の樹人団《じゅじんだん》の資本金）として蓄積し、又長岡藩領の際の貢米《ぐまい》で上《かみ》、北西《きたにし》、栃尾《とちお》、河根川《かねがわ》の五組に戻《もど》すべき差米《さまい》、則ち、一俵《いっぴょう》に対する三升《さんしょう》の余米《よまい》が本となり、五ヶ組からの出金六千円（年一千円づつ六年間）を基本金として長岡病院（同年六月）を設立する（後略）　（同書、一七二頁）

(46)同上『長岡三百年の回顧』、一七五頁。

(47)『越佐維新志士事略』（国幣中社弥彦神社・越佐徴古館の編集・刊行、一九二二）。

(48)広井一著『明治大正　北越偉人の片鱗』（著者兼発行者、一九二八）。広井は、明治十九年頃には、旧制長岡中学校の前身にあたる町村立長岡学校に、教員として採用されていた。だが、明治二十六年には新潟県の県会議員に転出している（翻刻『長岡学校沿革略誌』、六一頁、及び今泉省三著『三島億二郎伝』、三五三―三五四頁を参照）。

(49)前掲、『長岡教育史料』の冒頭に掲載された広井の「序」（同書二頁）。

(50)今泉省三著『長岡の歴史』第五巻（野島出版、一九七二）、五九四―五九八頁。

(51)前掲、『長岡教育史料』、三五頁。なお、以後の本書における広井に関する記述の史料的根拠は、同書に載せられた広井自身の長文の談話「長岡の中等学校」（三五―一五八頁）による。なお、本書の校正中に、広井に関する最近年の研究書が存在することを知るに至った。横山真一著『新潟の青年自由民権運動』（梓出版社、二〇〇五）と、同氏が勤務する県立長岡明徳高校で実践した日本史の授業の学習成果をまとめられた『近代長岡と広井一』（1）（2）（3）（新潟県立長岡明徳高校・横山真一発行、二〇〇三―二〇〇六）である。上記の文献は、「広井一文書」の解読と分析に基づく地道な歴史研究の成果であり、広井に関する最新の情報を提供してくれる基礎的文献である。

さらに広井に関する基本文献としては、箕輪義門著『広井一伝』（北越新報社、一九四〇）があり、同書が最も充実した内容である。

(52)若月赳夫著『長岡の先賢』（互尊文庫の刊行、一九三一）。

(53)同上、『長岡の先賢』、一〇七―一一〇頁。

(54)松下鉄蔵著『小林病翁先生伝』（「附小林雄七郎先生伝」）は、著者兼発行の私家版で、昭和五年（一九三〇）に発行された。

(55)山本有三著『米百俵』の「そえがき」、同書、二二〇頁。

(56)「病翁小林先生伝」という「碑文」を遺した「高橋翠村」（一八五四―一九四四）は、近代長岡を代表する漢学者であった。彼の質量共に充実した内容の遺稿集は、『近代長岡の漢学者高橋翠村　静雲精舎存稿』（長岡市史双書第二十五巻、一九九三）として刊行されている。同書の巻末には、編集に当たった稲川明雄による「翠村翁略伝」ともいうべき実に有益な「あとがき」が付されている。

(57)前掲、松下鉄蔵著『小林病翁先生伝』、一一頁。

(58)翠村翁の略歴に関しては、同上、『近代長岡の漢学者高橋翠村　静雲精舎存稿』（一一頁）を参照。

(59)翠村翁の事蹟に関する叙述は、同上の『近代長岡の漢学者高橋翠村　静雲精舎存稿』に付された「あとがき」（同書、二六五―二六六頁）を参照。なお、恩師である小林虎三郎に関する翠村翁の文章「病翁小林先生伝」「寒翠小林先生の碑」「炳文小林先生を祭る文」などもまた、同書に収録されている。
(60)前掲、松下鉄蔵著『小林病翁先生伝』、二三頁。
(61)山本有三著『米百俵』の「そえがき」（同書、一九九―二〇〇頁）。
(62)同上、『米百俵』、二〇〇―二〇一頁。
(63)同上、『米百俵』の「そえがき」（同書、二〇〇―二〇一頁）。
(64)同上、『米百俵』の「そえがき」（同書、二〇五―二〇六頁）。
(65)前掲、『長岡市史　資料編三　近世二』（長岡市発行、一九九四）には、「米百俵」に関する最新の関係史料一〇点が収録されている（同書、八六二―八六七頁）。その第一が、「三根山藩から見舞いの米百俵の使途につき達し」という史料である。この史料の出典を『長岡教育史料』と明記したのは、『長岡市史　資料編三　近世二』の編集を担当した元長岡高校教諭・土田隆夫であった。このことは、彼の史料批判《テキスト・クリテーク》に関する歴史的慧眼の表れとして高く評価することができる。
(66)中野城水著『新潟県教育史』（上巻、新潟県教育会の刊行、一九四六）。
(67)新潟県教育会の設立は、遠く明治十五年（一八八二）十月のこと（同上『新潟県教育史』上巻、一二二九頁）。その機運は、すでに明治十三、四年頃からあり、「学務関係官吏や県立学校職員、新潟区内の小学校教員の有志が時々会合して教育の発展進歩のことや、教育上の疑義等について討論審議して来た」（同上、一二二九頁）という。
　こうした教育会設立の動きは、明治五年（一八七二）の学制発布以来、全国的に起こり、普及拡大していった。それ故に文部省は、明治十四年（一八八一）六月には、「学事ニ就キ諮詢《しじゅん》講究等ノ為メ教育会ヲ開設セントスルモノハ其規則等具シ可伺出」との「達」を発令した（平凡社『日本近代教育史事典』、一九七一、二〇二頁）。

実は、このような文部省の意向を受けて、その翌年に新潟県教育会が設立された、というわけである。こうした県単位の教育会は、明治十六年（一八八三）九月に発足した文部省高官を指導者とする全国的な教育者団体「大日本教育会」（明治十九年十二月には「帝国教育会」に発展的解消）の下に組織化され発展していった。

そのような全国的な動向に沿って、新潟県教育会もまた、設立後、県下の教育関係者を糾合《きゅうごう》した、半ば公的な教育団体として発展した。昭和十三年の時点での会員数は何と六万千百四十八人を数えた。会員の内訳は、県や市町村の議員、学務委員、そして県立学校や義務教育である小学校の教員などであった。教育会の事業は、各県に共通するもので、教育調査、講演会や研究会などの開催、教育功労者の表彰、教員研究の奨励、各種図書の編纂発行などであった。

新潟県教育会は、すでに明治四十五年（一九一二）三月の時点で、『新潟県教育史』の編纂刊行を企画していた。この事業は、その後、県の教育事業とされ、県費を補助して教育会に委嘱するという形で実現された（同上、一二三七―一二四二頁を参照）。

なお、出版が大幅に遅延となったこと、そして編者は「中野城水」という個人名（当時の新潟新聞社総務）であったことに関しては、その事情が、同書の中で次のように説明されている。

鳥居会長は明治四十年より大正四年まで十ヶ年の長きに亘り其職に在り、県教育史編纂に対しても頻る努むる処あったが、天の時到らざるがか、遂に在任中に教育史編纂完成を見ることが出来なかった。爾来、歴代会長も思はざるにあらざるも事業のあまりに困難なるより徒に遷延し、其間に県は同事業より手を引いた結果、教育会独力を以て当らなければならないことになった。既にして世は明治より大正となり、昭和となり、昭和も十三年を数ふるに至っても其事業の存在さへ忘れられやうとしていた。昭和十三年七月近藤勘治郎会長となるや、これを甚だ遺憾とし、十五年十月新潟新聞社総務中野城水に依嘱して之が完途を期した。斯くて会長、主任の意気一体となり事業は着々進捗して昭和二十一年九月途に上巻刊行するに

至り、朋治四十五年来の同事業も半ば完成するに至った。（同書、一二四一―一二四二頁）

(68)同上、『新潟県教育史』（上巻）、編者である中野城水の自序「新潟県教育史が出来るまで」、同書七頁。

(69)同上、『新潟県教育史』（上巻）、一二七―一二八頁。

(70)結城伴造著『長岡の教育百年』（野島出版、一九六八）。なお、結城は、昭和の終戦直後の二〇年（一九四五）十二月から昭和三十年（一九五五）六月までの約十年間、旧制長岡中学校から新制長岡高校に至る期間を、第三十一代校長として同校の発展に尽力した人物である（長岡高校『学校要覧』）。

(71)『新潟県教育百年史』（「明治編」、新潟県教育庁、一九七〇年）。

(72)同上、『新潟県教育百年史』（「明治編」）、一六―一七頁。

(73)今泉省三著『忘却の残塁――明治維新の長岡の三傑――』（野島出版、一九七一）。同書は、学術研究書に類する数々の研究業績を上げてきた今泉にしては、極めて例外的な小説風の作品であった。それは、著者自身が、「これまでの著書がやや専門的で硬《かた》く、ひもとくのがついおっくうになり、いい加減な聞き伝えの言葉しかでてこない。ついには誤った咄《はなし》が巷間《こうかん》におおでをふり、そのあげく、町の片隅の残塁のように忘却《ぼうきゃく》の彼方へとおしやられている。これは困ったことだ。」「あたらしい視野でできるだけわかりやすく、ごくこじんまりに書こうとペンをとった」と述べているように（「あとがき」、同書、二二六頁）、全く意図的なものであった。だが、同書は、先行する著作物にはみられない新史料を駆使した斬新で充実した内容で、名著と評するに値する著作である。

(74)同上、今泉省三著『忘却の残塁――明治維新の長岡の三傑――』、一四一頁。

(75)同上、今泉省三著『忘却の残塁――明治維新の長岡の三傑――』、一四二頁。

(76)『米百俵　小林虎三郎の思想』（長岡市発行、一九七五）。

(77)同上、『米百俵　小林虎三郎の思想』の巻末には、同書の編集に当たった土田隆夫、吉岡又司、佐竹一郎、内山喜助の連名による「あとがき」が付されている。

(78)土田孝夫・吉岡又司・内山喜助著『南天一望　小林虎三郎とその周辺』(長岡目黒書店、一九七六)。
(79)同上、『南天一望　小林虎三郎とその周辺』、五〇―五一頁。
(80)翻刻『長岡学校沿革略誌』(土田隆夫校注、新潟県立長岡高等学校同窓会発行、二〇〇一年十一月)。なお、この翻刻『長岡学校沿革略誌』に収録された土田の論文は、新潟県郷土史研究会『郷土新潟』(第四十一号、二〇〇一年三月発行)からの転載であった。
(81)『長岡市史　通史編上巻』(長岡市、一九九六)、七七三―七七四頁。
(82)前掲、『長岡市史　資料編三　近世二』、八六二頁。
(83)松本健一著『われに万古の心あり――幕末藩士　小林虎三郎』(新潮社、一九九二)。なお、松本には、別に『国を興すは教育にあり―小林虎三郎と「米百俵」――』(麗澤大学出版会、二〇〇二)という著書がある。同書は、小泉首相が国会での首相就任演説で「米百俵」の逸話を取り上げた直後に刊行されたもので、内容的には前著『われに万古の心あり――幕末藩士小林虎三郎』を簡潔にまとめなおしたものである。
(84)同上、『われに万古の心あり――幕末藩士　小林虎三郎』、二〇九―二一四頁。
(85)同上、『われに万古の心あり――幕末藩士　小林虎三郎』、二一一頁。
(86)同上の松本の著書には、本文中で指摘した以外にも、重要な事柄に関して、明らかに事実誤認と思われる叙述が、いくつも散見される。例えば、虎三郎が、明治四年に実弟の雄七郎が英語教師として高知に赴任するのに随行して高知へ赴いたことに関して、「土佐藩の海南学校から福沢のもとに、英語の教師を招聘したい、という申し込みがあた。」(同書、一七八頁)とある。だが、虎三郎が高知に滞在した明治四年から五年にかけての期間には、いまだ「海南学校」という学校は存在せず、実弟・雄七郎が英語教師として赴任したのは高知藩立学校であった。その証左として海南学校の設立に関わる関係史料を、次にあげておく。

海南学校の起源は明治六年(一八七三)九月山内豊範によって、東京に設立された海南私塾に端を発している。（中略）明治六年一月、東京芝の安養院に開設された私立学校であった。ところが同年八、九月ごろ、この学校はあげて旧藩主山内豊範に献ぜられることになった。そこで、これまでにも藩邸内に漢洋の学校を開いたり（明治二年）、藩に兵学校を設けたりして（明治四年）、教育事業に深い関心を示してきた山内豊範、この建案をいれて、直ちに日本橋箱崎町の自邸内に一校舎を新築し、ここに安養院の私立学校の生徒を収容して、仏語・英語を主とする授業を開始した。こうして海南私塾（初めは学校・私学校・海南学校などとも呼称されて一定せず）は、山内家の私立学校として設立せられたのである。（中略）この学校の土佐における分校設置を山内豊範に建案した。この建議が入れられて、同年二月海南私塾分校、すなわち後の海南学校の設立が決定され、同年（明治九年）七月高知市散田の山内邸内の一長屋をその校舎として発足した。

（『近代高知県教育史』同上書、四二一—四二三頁）

また、清朝中国で出版された漢書『徳国学校論略』は、ドイツ人宣教師「Faber Ernst」（中国名は「花之安」、一八三九—一八九九）が、旧態依然とした清朝中国の学校制度の近代化を意図して、ドイツにおける最新の西洋学校制度の実態との比較で論述した比較学校制度論をまとめたものである。原著者はドイツ人でありながらも漢文をものにし、同書を漢文で執筆した。その漢文を、清国の「王炳堃」という中国人が校訂し、一八七三年に中国で出版した書物である。漢学に優れた日本の虎三郎は、早くも、その翌年の明治七年（一八七四）には、同書を取り寄せ、日本人が読めるように漢書の白文に訓点を施して日本で出版したものであった。

以上のような『徳国学校論略』に関して、松本の『われに万古の心あり—幕末藩士小林虎三郎』では、虎三郎が「同書を翻訳・略述した」（同書、二一七頁）とか、「解剖学の権威で、甥の小金井良精がドイツ語の翻訳・略述を手助けした」（同書、二二二頁）などと、あたかも虎三郎がドイツ語原書を翻訳したかのごとき、全く誤った叙述をしている。そのような誤解は、いったい何故に、生じたのか。どのような資料に基づいた記述なのか。同書には、資料的根拠を示す注釈は全くなく、検討の仕様がなく、疑問に思っていた。ところが、偶然にも本書を執筆する過程で筆者は、前掲の星新一著『祖父・小金井良精の記』を精読していて、同書の中に、松本健一『われに万古の心あり―幕末藩士　小林虎三郎』が要約して援用した部分と推察される、次のような記述を発見した。

> おそらく、この著述〔『徳国学校論略』〕は、良精の手助けによるものであろう。虎三郎はオランダ語にくわしく、維新後、英語をいくらか学んだ。しかし、ドイツ語はだめだった。良精がドイツについての紹介書を訳し、学校でのドイツ人教師の内容などを話し、それらを参考に虎三郎が文にした。虎三郎は雄七郎の家に同居しており、休日には良精がよく訪れていた。（同書、六三頁）

実は、上記のような星新一著『祖父・小金井良精の記』における『徳国学校論略』の記述自体が、事実とは異なる推量によるもので、資料的裏付けのない全く事実無根の叙述であった。松本は、それをそのまま『われに万古の心あり―幕末藩士　小林虎三郎』に援用したものと思われる。

だが、筆者は、中国で出版された漢文の原著を中国復旦大学図書館から複写版で取り寄せ、さらに日本で翻刻された虎三郎による訓点版も筑波大学中央図書館所蔵で複写して入手し、両書の内容を比較校合しながら内容の分析を試みた。分析結果の詳細については、拙稿「明治初期日本近代化を巡るドイツと中国の歴史的位置―小林虎三郎（象山門人）翻刻『徳国学校論略』の分析」（世界教育日本協会『教育新世界』第三十号所収、一九九〇）を参照されたい。

(87)島宏著『米百俵　小林虎三郎の天命』（ダイヤモンド社、一九九三）。

(88)島宏著『米百俵　小林虎三郎の天命』における山本有三の戯曲『米百俵』の批判―「(三島)億二郎なくして三根山藩からの米百俵の贈呈はなかった」（同書七二頁）は、明らかに地元長岡における「米百俵」研究の第一人者である土田隆夫の論文「小林虎三郎の教育論とその実践」その他の研究成果が示した視座や推論に依存しているとみられる。だが、前掲の松本の場合と同様に、土田の研究成果については全く触れておらず、自らのオリジナルとして叙述している。

(89)同上、『米百俵　小林虎三郎の天命』、七二頁。なお、引用の冒頭に「今泉省三著『三島億二郎伝』の三七頁」とあるが、たしかに同書の同頁には、三根山藩に関わる記述が一カ所（明治二年二十三日の項に「峰山　太田来る」）だけある。しかし、これだけで、本文に紹介されているような「明治元年ごろから三島億二郎は三根山藩としきりに接触をはかっている」とは断定できず、しかも、「明治二年」の日記の記述をもってして、「明治元年ごろから」とは表現しがたい。さらに同書においても、松本の場合と同様に、虎三郎翻刻の『徳国学校論略』を、「翻訳」（同書、八一頁）と誤解している。

(90)同上、『米百俵　小林虎三郎の天命』、七二―七三頁。なお、同書における億二郎『芝山日記』の引用は、今泉省三著『三島億二郎伝』（覚張書店、一九五七）からの孫引きである。戊辰戦争の直後における億二郎と三根山藩関係者との接触を記録している『芝山日記』は、その全文が長岡市史編纂室で解読・編集され、長岡市史双書第三六巻『三島億二郎日記（2）――廃藩置県前後――』（長岡市役所、一九九七）として刊行されている。

(91)同上、『米百俵　小林虎三郎の天命』、七三頁。

(92)国立教育研究所編『日本教育百年史』第一巻「教育政策Ⅰ」、一九七四、四八頁。なお、十三項目からなる「府県施政順序」の内容全体を紹介している教育史関係の文献は極めて稀で、単に「小学校を設る事」という一文のみを引用している場合がほとんどである。管見の限りでは、倉沢剛のみが、次のような「府県施政順序」の全文を紹介し、その教育史的意義を詳細に明らかにしている（『小学校の歴史』第一巻、ジャパンライブラリービューロー出版、一九六七、一三―一五頁、及び『学制の研究』、講談社、一九七三、一〇九―一一〇頁）。

諸府県施政順序別紙ノ通被仰出候、猶條件ニヨリ追々御沙汰ノ旨モ可有之候へ共、先大綱ノ旨趣篤ト相心得可致施行候旨被仰出候事

但別紙ノ通被仰出候へ共、猶於諸府県別段良法モ有之候ハヽ、無腹蔵《ふくぞう》可申出事

（別紙）府県施政順序

一　知府県事職掌ノ大規則ヲ示ス事
一　平年租税ノ高ヲ量リ其府県常費ヲ定ムル事
一　議事ノ法ヲ立ル事
一　戸籍ヲ編制戸伍組立ノ事
一　地図ヲ精覈《せいかく》ニスル事
一　凶荒予防ノ事
一　賞典ヲ挙ル事
一　窮民ヲ救フ事
一　制度ヲ立風俗ヲ正スル事
一　小学校ヲ設ル事
一　地力ヲ興シ富国ノ道ヲ開ク事
一　商法ヲ盛ニシ漸次商税ヲ取建《とりたて》ル事
一　租税ノ制度改正スヘキ事
右施政大綱タリ、其條目ニ至テハ詳細詮議スヘシ、令ヲ布クハ易ク事ヲ挙ルハ難シ、着実手ヲ下スヲ要ス、故ニ一件施行シ稍《やや》其事ノ挙ルヲ見テ又次件ニ及ヘシ、一時卒易ニ施行スルヲ禁ス、最其土地風俗ニ因リ各其宜ヲ異ニス、必ス順序ニ拘泥可カラス、終ニ全備スルヲ要ス

(93)同上、『日本教育百年史』第一巻、四八頁。
(94)長岡市『長岡市史　資料編四　近代一』（一九九三年）、二九八頁。
(95)同上、『長岡市史　通史編　上巻』（一九九六年）、七七三頁。

(96)同上、『日本教育百年史』第一巻、五〇—五三頁を参照。
(97)前掲、山本有三『米百俵』、二一〇—二一一頁。
(98)前掲、『われに万古の心あり——幕末藩士　小林虎三郎』、二一四—二一五頁。
(99)虎三郎の処女論文「興学私議」は、西洋に倣《なら》った全国的な規模での統一的な教育制度の確立を提唱したもので、まさに儒学が説く教育立国主義を具体化した内容であった。すなわち、新たなる国家の建設は、それを支える新たな人材の育成を旨とする新時代の教育—学校教育によってこそ実現できるとする考え方であった。
(100)『小学国史』(全十二巻、明治六年)。
(101)『徳国学校論略』(全二巻、明治七年)。
(102)虎三郎が校訂し文部省から刊行した欧米の教育書は、筆者が確認できたものだけでも三点ある。第一が、アメリカ人ハート(Heart, John S.)の教育書『学室要論』("In School Room-Chapter in the Philosophy of Education," 1872)を、日本語と英語に精通した在日オランダ人の御雇い外国人「ファン・カステーレン」(van Kasteel, Abraham Thierry, 1843-1878)が日本語に訳出し、その日本語の訳稿を小林虎三郎が全面的に校訂して仕上げ、これが明治九年(一八七五)六月に文部省から刊行された。第二が、同じ明治九年(一八七六)の七月に刊行された『教師必読』である。これまた、原著名が『チーチャルス・アシスタント』("Teachers assistant," 1859)で、原著者はアメリカ人「チャーレス・ノルゼント」(Charles Northend)で、アメリカで一八七二年(明治五年)に発行された教師指導書であった。これを、ファン・カステーレンが日本語に訳出し、その訳稿を小林虎三郎が校訂して、アメリカ本国で出版されてから僅か二年後の明治九年(一八七六)の七月に、文部省から刊行された。そして第三が、『童女筌』(上下二巻、"Girls Own Book of Amusement," 1873)で、この原著者はイギリス人のヴァレンタイン(Valentine)であった。これを同じくファン・カステーレンが日本語に訳出し、その訳稿を小林虎三郎が校訂して、文部省から明治九年(一八七六)七月に刊行された。

以上の虎三郎が校訂して文部省から出版した翻訳教育書は、日本の教育近代化を推進する明治前期の極めて早い時期に、日本に紹介された欧米の教育書であった。特に、学校現場の教師に役立つ実際的な指導書であった『教師必読』は、日本の小学教育界に広く普及し大きな影響を与えた。

(103) 蒲原拓三著『長岡藩史』（『牧野家家史』と合本版、歴史図書社、一九八〇）、二四―二六頁。以下、本書における長岡藩史及び牧野家史に関する記述は、断りのない限り、上記の図書を参照して叙述したものである。
なお、稲川明雄著『長岡藩』（現代書館、二〇〇四）には、長岡藩では、初代藩主忠成の治世に、領内の新田開発を積極的に進め、二万六千石余の石高を増加させ、それによって与板と三根山とを同時に分家させたと記されている（同書、二五頁）。

(104) 高直りによって大名に列し三根山藩となったことについては、武田広昭編『三根山藩』（新潟県「巻町双書」第二十集、巻町役場刊）では、①「分知の際に六千石高の外におよそ五千石程度込高同様に含めて地所を引き渡していたこと」（同書一八頁）、②幕府への申請手続きは、宗家長岡藩の第十一代藩牧野忠恭《ただゆき》が代行して、文久二年（一八六二）四月に請願し、これが翌年二月に許可されたことが、関係史料を踏まえて記述されている（同書、一九―二一頁）。

(105) 同上、『三根山藩』、三九頁を参照。

(106) 同上、『三根山藩』の「戊辰戦争」の項（一六九―一七七頁）を参照。

(107) 木村礎・藤野保・村上直編『藩史大事典』第三巻（雄山閣出版、一九八〇）他を参照して作成。

(108) 前掲、『三根山藩』に所収の史料「廃県迄ノ藩治答弁書」（同書、三四七頁）を参照。なお、新政府からの転封命令の伝達については、『峰岡藩史資料』（財団法人三根山有終団、一九一七）に収載の資料では、「同年（明治元年）十二月九日　忠泰公参朝を命ぜられ伝達所に於て弁事西四ッ辻殿より達に曰く」とある（同書、三三頁）。

(109) 同上、『三根山藩』、一八六頁を参照。しかしながら、実際問題としては、宗家の長岡藩が逆賊となったことへの連座的な処罰ではなく、「一旦賊ニ与《くみ》シタル所以」（『北越略風土記』、同上『三根山藩』三二三頁）というのが処罰の理由であったという理解が妥当である。

なお、明治二年一月に東北諸藩に対する処分の詔書が発せられたが、東北列藩同盟に加盟した諸藩に対する処罰をめぐっては、維新政府の内部――特に東京と京都の軍務局や行政局の間――には、対立的といえるほどの大きな相違があった。この点に関して、東京と京都の両方の関係部局に請願運動を展開した長岡藩大参事の三島億二郎は、東京の方針と西京（京都）のそれとの間には大きな隔たりがあり、東京の寛容論に対して西京は過酷論であったこと、さらに西京の中でも寛容な軍務局に対して行政官局は過酷であったこと、結果的には後者の過酷な処罰が執行されたこと、等々に関して、次のように明治二年（一八六九）二月の日記に記している。

奥羽等ノ御処置、東京ノ論寛《ゆるやか》、西ハ酷、西中軍務局ハ寛、行政官局ハ酷也しと云共、而《しかして》竟《つい》ニ酷論ニ帰し、或ハ干今《いまをあずかる》軍務局人ハ不悦《よろこばず》、且ツ後害あるを恐ると

（長岡市史双書第三六巻『三島億二郎日記（2）』所収「芝山日記」、一一頁）

(110)同上、『三根山藩』、「御持高ノ内弐分モ減候テハ諸侯ノ烈（ママ）ヲ離レ被遊《あそばされ》候テハ気ノ毒ニ思召《おぼしめす》」（一八六頁）との史料を参照。

(111)同上、『三根山藩』所収の藩関係史料「廃県迄ノ藩治答弁書」（同書、三四七頁）。

(112)同上、『三根山藩』所収の藩関係史料「廃県迄ノ藩治答弁書」（同書、三四八頁）。

(113)同上、『三根山藩』（一八六―一九一頁）には、藩当局はもちろん、領内村々の領民たちも代表（惣代《そうだい》）を立てて新政府の新発田本営や東京府庁に出向き、代々の牧野家三根山藩の領民に対する仁政の旧恩を訴え、積極的に転封取り消しの嘆願運動を展開した様子が具体的に叙述されている。

(114)『三百藩家臣人名事典』第四巻（新人物往来社、一九八八）の「神戸武正」（同書、一九頁）を参照。

(115)前掲、長岡市史双書第三十六巻『三島億二郎日記（2）――廃藩置県前後――』に所収の「芝山日記」より関係部分を抜粋。

(116)前掲、『三根山藩』に所収の藩関係史料「廃県迄ノ藩治答弁書」（同書、三四八頁）。
(117)同上、『三根山藩』に収録の『北越略風土記』（同書、三二―三頁）より引用。
(118)前掲、『三根山藩』に所収の明治二年十一月実施の「職制改正」（同書、三五五―三六三頁）。
(119)同上、『三根山藩』、一九一―一九三頁を参照。
(120)同上、『三根山藩』、一九五―一九七頁を参照。
(121)三島億二郎の日記には、「銀一枚　三根山藩より御歳暮（中略）峰山（三根山）より御見舞いとして千疋被下しハ、旧冬十二月半也し」と記されている（前掲、長岡市史双書第三六巻『三島億二郎日記（2）』に所収の「芝山日記」の「明治二年正月二日」の項）。
(122)前掲、『三根山藩』、一三二頁を参照。
(123)同上、『三根山藩』、六七―七五頁を参照。同書では、藩財政の窮乏が顕在化した江戸中期からの年貢の収納状況が詳細に分析されており、その結果、「幕末百年の間にほぼ定免通りの五〇％以上収納可能の年は四十七年に過ぎず、あとの各年は悪作、水冠り、悪所引のため破免により違作〔凶作〕減免が施されねばならなかった。まさに三〇％を超える大損毛が一年おきに繰り返された」と結論づけ、三根山藩の領地の地理的悪条件による自然災害によって、いかに頻繁に被害を被り、藩収入が圧迫され続け、財政窮乏に追いやられていたかを、数量的データをあげて具体的に指摘している。
(124)同上、『三根山藩』、一三二―一四六頁を参照。
(125)同上、『三根山藩』、一四七―一四九頁を参照。
(126)同上、『三根山藩』、一四九―一五三頁を参照。同書には、三根山藩の「台所預り」を勤めた領内の富豪である市島家からの嘉永・安政・文久年間の借入金額、及びそのために藩が担保として与えた「田畑質地証文」の史料が示されている。
(127)同上、『三根山藩』、一七五頁を参照。

(128)前掲、『小林虎三郎の求志洞遺稿』(長岡市史双書第三十四巻)、二〇七頁。
(129)虎三郎が、戊辰戦争の前から東京に遊学して、慶應義塾などで勉学に励んでいた実弟の雄七郎に宛てた書翰。そこには、戊辰戦後における長岡城下の困窮状況が具体的に記されていた(前掲『長岡藩史話』、三〇七頁)。
(130)前掲、『長岡市史』「資料編三 近世二」、八六二頁。
(131)同上、『長岡市史』「資料編三 近世二」、八五八―八五九頁。
(132)前掲、稲川明雄著『長岡藩』、一七六―一七八頁。本分に引用した『米百俵』に関する同書の叙述は、十分に納得できる内容ではあるが、肝心の史料的根拠が示されていないのは残念である。
(133)前掲、『長岡市史』「資料編三 近世二」、八六二頁。
(134)同上、『長岡市史』「資料編三 近世二」、八六二頁。
(135)同上、『長岡市史』「資料編三 近世二」、八六二頁。
(136)同上、『長岡市史』「資料編三 近世二」、八六六頁。
(137)同上、『長岡市史』「資料編三 近世二」における解説でも、史料間の「食違い」が指摘されている(同書、八六五頁を参照)。
(138)前掲、今泉省三著『忘却の残塁――明治維新の長岡の三傑――』、一四三頁。
(139)前掲、今泉省三著『長岡の歴史』第五巻(野島出版、一九七二)、一―二頁。なお、『長岡市史 通史編 上巻』(一九九六)にも、長岡と三根山(蒲原郡巻)とを結ぶ水路に関して次のように記している。

> (長岡)藩の年貢米を新潟湊へ運ぶ業務は、船道(長岡町の船持ち仲間)が独占的に請け負った。(中略)長岡船道は長岡藩内の河川運行の権利を独占し、さらに西川を利用して蒲原郡巻・曽根両組の年貢米を輸送する蒲原船道をも従えた。(同書、四六五頁)

(140)前掲、『三根山藩史』、六七頁。

(141)安田辰馬著『わが国職業紹介事業の父　豊原又男翁』(巻町双書第二十三集、一九七五)、六―七頁。なお、三根山藩史料「両表侍分席順　慶応元乙丑年」には、「御徒士豊原久一郎(長谷川改)」と記されている(『峰岡藩史資料』、七五頁)。さらに、豊原久一郎が、明治四年三月二十五日に維新政府に届け出た「峰岡藩官員氏名」には、「正権大属　権官不置　豊原久一郎源春雄」(前掲『三根山藩』、一九七頁)と記載されていた。藩の官職である「正権大属」とは、「大参事」「少参事」に次ぐ第三位の公職で、上位十名の家臣の中に数えられる上級官吏であったことがわかる(同上、一九六頁)。

(142)前掲、今泉省三著『忘却の残塁――明治維新の長岡の三傑――』、一四一頁。

(143)同上、今泉省三著『忘却の残塁――明治維新の長岡の三傑――』、一四一頁。

(144)前掲、稲川明雄著『長岡藩』、一七七―一七八頁。三根山藩から運ばれた米百俵は、長岡城下の「上田町河戸」に到着したといわれるが、長岡河岸には数カ所の河戸(河渡)があり、町の西側を流れる内川(柿川)沿いには、上流の「上田町」から順に幾つもの河戸があった。米百俵が着いた「上田町河戸」は、「上田町から大工町へ渡る橋の下手」に広がる荷物の積み起き場であった(前掲『長岡市史　通史編　上巻』、四六七―四六八頁を参照)。

(145)(「米百俵」を運んだ水路の地図を作製するに際しては、稲川明雄氏(前の長岡市立中央図書館長)より略図を頂き、また、「古志の会」の代表の亀川純一氏からは「長岡城下町全図」(長岡商工会議所発行、二〇〇四)の原図を収めたCD(編集製作「古志の会」、二〇〇四)の提供を受けた。長岡の歴史に精通された両氏の御支援により、三根山藩から長岡藩に送られた「米百俵」の搬路―水路を、概略ながらトレースすることができた。

(146)財団法人三根山有終団編『三根山藩開封三五〇年記念誌』(同法人刊、一九八四)、七八頁。

(147)蒲浦拓三著『長岡藩史話』(復刻版『「長岡藩史話」「牧野家家史」』、歴史図書社、一九八〇)の六六―六八頁より引用。

(148)同上、『長岡藩史話』、六八頁。

(149)同上、『長岡藩史話』、六九―七〇頁。

(150)前掲、稲川明雄著『長岡藩』には、「長岡藩には武士の心得というものがあった。三代藩主牧野忠辰治世の延宝二年（一六七四）に定められた「諸士法制」である。」として、日常生活レベルの武士道倫理を説いた、次のような七ケ条が紹介されている。

一、忠節に励み、孝道を守り、風俗を乱すべからざる事
一、諸役人は急度《きっと》、その役を守るべし。もし疎略の儀有るにおいては越度《おちど》（罪）なるべき事
一、長岡における者、木綿等の衣類を着るべし
一、年始・五節句等の音信、親・兄弟の外、従兄弟までは心次第の事
一、武具・馬具等分限に応じ、不足無きよう用意すること肝要（大切）なるべし
但し美麗を好むべからず。並に刀・脇差、分限を過ぎたるの拵《こしらえ》、無用の事
一、進退ならざるの旨、訴訟致すべからず。然れども火難に逢う等の輩は格別なるべき事
一、右の条々堅《かたく》相守るべきものなり

（同書三四頁）

なお、以上の七ケ条に集約された「諸士法制」の成立と変遷の過程に関しては、前掲『長岡藩史話』に詳細な記述がある（同書一三五―一四三頁）。

(151)前掲、『三根山藩』、二一一頁。神戸武徳は、旧三根山藩時代の城代家老で、維新後は藩大参事として藩の危急存亡の時代を一身に背負って奔走し、四十七歳で歿した。その娘が公平の母であり、父親は江戸家老の倉知家からの婿入りであった（神戸公平『嵐の中の小舟』、私家本、一九五八、同書二四〇頁）。なお、孝平の父母は夫婦共稼ぎの学校教員で、公平もまた学校教員となり、地域の義務教育の振興に尽力した家系である。

(152)旧三根山藩の家臣団が結成した「財団法人三根山有終団」は、中国儒教の根本経典たる「五経」の一書『詩経』（「大雅、蕩」）の中の有名な一文、「靡不有初、鮮克有終」（初め有らざる靡《な》し、克《よ》く終り有るは鮮《すくな》し）から命名し

たといわれる（財団法人三根山有終団編『開府三百五十年記念誌』、一九八四、一一八頁）。

(153) 前掲、『峰岡藩史資料』、一〇五頁。なお、同書には、財団法人の許可に関する史料に続いて、「三根山有終団財団法人許可申請」の全文が収録されている。その中の財団の目的については、「本財団ハ新潟県西蒲原郡峰岡村在住士族旧峰岡藩士ガ共有シ来リタル金品ヲ継承保管シテ不時ノ災厄《さいやく》ニ備へ兼テ祖風ノ振興子孫ノ教養ニ力《つと》メ旧峰岡藩士ノ面目ヲ永遠ニ保維スルヲ目的トス」（同書、一〇七頁）と記されている。

【米百俵関係略年表】

和暦（西暦）	年齢	月	「米百俵」の主人公小林虎三郎・長岡藩・三根山藩に関係する主要事項
文政11（1828）	1	8	・虎三郎、長岡藩士の小林又兵衛（親真、号は誠斎、百石、母は長岡藩梛野与次兵衛の娘の久）の三男として誕生（七男二女の三男、兄二人は夭折、虎三郎が嫡男に）。
文政12（1829）	2	4	・父又兵衛、藩校崇徳館（文化五年、一八〇八年創立）の助教に叙任。 ・朱子学派の高野松陰、秋山景山に代わり藩校崇徳館都講（教頭）に就任。
天保7（1836）	9	7	・父又兵衛、新潟町奉行に就任。
天保9（1838）	11	4	・信州松代藩の佐久間象山、藩命で越後に出向き、長岡藩新潟奉行の小林又兵衛を訪問。
天保10（1839）	12	2	・象山、江戸に遊学。六月に神田阿玉池に漢学塾「象山書院」を開設。
天保14（1843）	16	1 11	・象山、伊豆韮山の江川担庵に入門、西洋砲術を修行。 ・長岡藩第十代藩主牧野忠雅、老中に就任（安政四年に病気で辞任迄）。
弘化2（1845）	18	12	・虎三郎、十七、八歳の頃、長岡藩校崇徳館の助教に叙任。この年、実弟・雄七郎（七男）が誕生。 ・長岡藩第十代藩主牧野忠雅、老中海防掛に就任。
嘉永2（1849）	22		・川島鋭次郎（後に三島億二郎と改名）、藩主牧野忠雅の養子忠恭（父は三河西尾藩主松平乗寛）の御小姓役として上江（同六年には御目付役に抜擢）。
嘉永3（1850）	23		・虎三郎、藩主の命により江戸に藩費遊学。国学者の萩原緑野（折衷学派の私塾）に入門し、詩文を学ぶ。 ・象山、江戸深川の松代藩邸で西洋砲術教授を開始（洋儒兼学主義の教育）。
嘉永4（1851）	24	3	・虎三郎、象山の西洋砲術塾に入門（象山塾門人帳には「嘉永四年」に入門が記載。畏友の川島鋭次郎と同年の入門。河井継之助は翌年の入門）。

嘉永6 (1853)	26	6 12	・六月、米国ペリー艦隊が浦賀に来航。当時、長岡藩第十代藩主牧野忠雅は老中職（海防掛）。 ・川島鋭次郎（改名前の三島億二郎）、ペリー米国艦隊の浦賀来航に関して藩庁に意見書を提出し、御目付格を免じられ即刻帰藩の処罰。
嘉永7 （安政元） (1854)	27	1 3	・虎三郎、下田開港に反対して横浜開港の「建白書」を藩主に提出、即刻、帰藩謹慎の処罰。 ・象山、吉田松陰の密航事件に連座し捕縛。
安政3 (1856)	29	4 8	・川島鋭次郎、謹慎解除され三島億二郎と改名。 ・吉田松陰、長州萩の叔父の杉家私塾で講義を開始（松下村塾の起原）。
安政5 (1858)	31	 10	・長岡第十代藩主牧野忠雅が病没、養子忠恭が第十一代藩主に就任。 ・福澤諭吉、江戸鉄砲洲に蘭学塾を開設（慶応義塾の前身）。
安政6 (1859)	32	2 10	・父又兵衛死去。虎三郎、家督を相続。 ・虎三郎の処女論文「興学私議」が完成、信州松代で蟄居中の恩師象山に贈呈。 ・吉田松陰刑死（安政の大獄）。
文久3 (1863)	36	2 9 11	・三根山分家の牧野家第十一代当主・旗本・牧野忠泰（六千石）が知行五千石を高直して、一万千石となり、三根山（新潟県西蒲原郡）を居城とする大名（従五位下諸大夫、伊勢守）に昇格（三根山藩の誕生）。 ・長岡藩第十一代藩主牧野忠恭、京都所司代を経て老中に就任（十二月、外国事務掛。慶応元年四月に老中を辞任）。 ・虎三郎の家屋全焼。
元治元 (1964)	37	7	・象山、京都で斬殺され佐久間家は断絶。 ・河井継之助、外様吟味役から郡奉行に昇任。
慶応2 (1866)	39	 12	・虎三郎、藩兵制改革案「藩兵制改革意見書」を藩庁に提出。 ・徳川慶喜、十五代将軍に就任。
慶応3 (1867)	40	 7 11 12	・虎三郎、蟄居謹慎中のこの頃までに、「重学訓蒙」（物理学入門書）「泰西兵餉一般」（戦時食料論）や西洋兵学書「野戦要務通則」「察地小言」「野戦要務通則」など、蘭書数点を日本語に翻抄訳。 ・長岡藩第十二代藩主に牧野忠訓（父は丹後宮津藩主本庄宗秀）が就任。 ・徳川慶喜、大政奉還。 ・王政復古の大号令。

明治元（慶応4）（1868）	41	1	・鳥羽伏見の戦（戊辰戦争の開始）。
		2	・新政府、学校掛を設置。
		3	・「五カ条の御誓文」の発布。
		4	・河井継之助、家老職に就任（翌月、家老上席に昇進）。
			・上越国境の三国峠を征討軍（上州諸藩）が突破。征討軍が越後小千谷を占領。
		5	・小千谷慈眼寺会談（長岡藩軍事総督河井継之助と新政府総督府の軍監岩村精一郎）が決裂。長岡藩、奥羽列藩同盟に加盟し、北越戊辰戦争が勃発。
		6	・長岡、落城（藩主牧野忠訓は会津へ）。
		7	・長岡城を奪還、河井継之助が重傷。征討軍が長岡城を再度奪還。
		8	・三根山藩が降伏。新発田藩、村松藩、村上藩も降伏。
		9	・虎三郎、江戸横浜に遊学中の雄七郎に、帰国参戦せずに学問研鑚に励むべきことを書簡で説諭。
			・虎三郎、藩主を追って会津から仙台に脱出。九月末に藩主忠訓が米沢で降伏・帰順、長岡藩は敗戦。
		12	・長岡藩第十三代藩主に牧野忠毅が就任。
			・維新政府より三根山藩に転封の命令（領地替え）。
			・三根山藩、敗戦後の長岡藩に御歳暮（銀一枚）と御見舞い（銭千疋）を送る。
明治2（1869）	42	2	・維新政府、「府県施政順序」を発令し、全国の府県（藩）に小学校の設立を奨励。
			・虎三郎の母、久が死去。
		5	・虎三郎、四郎丸村の昌福寺に国漢学校の前身となる学校を開設し、藩士子弟の教育を再開。
			・長岡藩、版籍奉還。
		6	・藩庁「議政局」を設置。虎三郎、文武総督に就任、「藩治職制」を立案。
			・長岡藩主牧野忠訓、版籍奉還し、長岡藩知事に。同時に三根山藩主牧野忠泰も三根山藩知事に就任。
		10	・長岡藩職制改革により虎三郎が文武総督に就任。
			・維新政府より三根山藩の転封は信州伊那との命令。
		11	・虎三郎、三島億二郎と共に長岡藩大参事（執政）に就任。
		12	・維新政府より三根山藩に対する転封中止の命令。

明治3 (1870)	43	5	・弟・雄七郎、慶應義塾に入塾（最上級の四等に入塾、二十六歳、証人は藤野善蔵。同級に馬場辰猪。塾長は小幡篤次郎、小幡仁三郎、永島貞次郎、阿部泰蔵、藤野善蔵、小泉信吉の六人）。
		5	・越後三根山藩（明治三年に峰岡藩と改称）よりの救援米「米百俵」（代金約二百七十両と牧野藩侯下賜金を基に藩立学校建設を決議）。
		6	・国漢学校（国漢学、医学局、洋学局、演武場）が新築開校（長岡坂之上町）、虎三郎は初代学校長に就任、開校式に「大学」を講義。
		9	・太政官より、三根山藩、峰岡藩と改称の沙汰。
		10	・虎三郎、長岡大参事を免官。長岡藩は廃藩となって柏崎県に併合。
		11	・虎三郎、柏崎県より「学校并演武場掛」を拝命。
明治4 (1871)	44	7	・虎三郎などの門人たちが、恩師象山の著書『省諐録』を刊行（勝海舟の序文、跋文を虎三郎）。
		8	・廃藩置県により長岡藩は柏崎県の管轄に、峰岡藩は峰岡県に。長岡藩の藩立国漢学校は県立柏崎学校の分校となり、自然廃校の状態に。
			・虎三郎、この前後に文部省より「中博士」（大学の教授か編集官）への任官要請を受けるが辞退。
			・虎三郎、この頃、「病翁」と改名。
			・廃藩置県の直後の秋、虎三郎は一切の藩公職を辞任し、郷里長岡を去って東京に移住。
			・弟・雄七郎、福澤諭吉の推薦で土佐藩立学校へ洋学（英語）教師として赴任。虎三郎も養生を兼ねて高知へ同行。
明治5 (1872)	45	4	・実弟・雄七郎の土佐藩との雇用契約期限が切れ、虎三郎は弟と高知から東京に戻る（土佐滞在は約半年間）。
		8	・弟雄七郎、大蔵省駅逓寮に出仕し、大蔵大輔伊藤博文の知遇を得る。
		11	・太政官、学制発布（西洋型の近代学校制度の成立）。
			・三島億二郎の尽力で、長岡洋学校が開校（後の長岡中学校、英語教師として長岡出身で慶應義塾に学んだ藤野善蔵を招聘、俸給月百二十円）。
明治6 (1873)	46	4	・虎三郎、『小学国史』（全十二巻）の刊行開始（第一巻の序は中村正直。最終巻は七年以降）。
		6	・長岡洋学校は新潟学校の分校となり、十一月に藤野善蔵は退職し帰京。
明治7 (1874)	47	10	・虎三郎、ドイツ人宣教師が中国で出版した漢書『徳国学校論略』（上下二巻）に訓点を施し翻刻刊行、日本に紹介（日本へのドイツ学校教育制度の紹介の嚆矢）。

明治9 (1875)	49	6	・虎三郎校閲、和蘭人ファン・カステーレン訳『学室要論』が文部省より刊行される。
		7	・虎三郎校閲、和蘭人ファン・カステーレン訳『教師必読』が文部省より刊行される。 ・虎三郎校閲、和蘭人ファン・カステーレン訳『童女筌』が文部省より刊行される。 ・県立長岡分校廃止、九月に私立長岡学校として独立（学校取締は三島億二郎）。
明治10 (1877)	50	7	・虎三郎、群馬県の伊香保温泉に静養（小林庯「伊香保日記」、七月十七—二十八日）。
		8	・二十四日、東京向島の実弟雄七郎宅で病歿。享年五十（法名は雙松院文覚道炳居士、東京谷中の共同墓地に埋葬）。
明治11 (1878)		4	・恩師象山の漢詩集『象山先生詩鈔』（上下二巻）が刊行（二品宮山階親王の序文、勝海舟の題字、中村正直の校注、虎三郎の跋文は実弟・雄七郎が代筆）。
明治15 (1882)		2	・虎三郎著「雙松西遊記」（実弟・雄七郎の校閲）。
明治20 (1887)			・雄七郎、『自由鏡』を出版（全五編の予定が二編で中断）。
明治22 (1899)		5	・雄七郎、『薩長土肥』を出版（博文館）、長岡に戻る。
明治23 (1890)		7	・雄七郎、第一回衆議院議員に選出（新潟県第五区—古志三島郡）。
		10	・雄七郎、同郷で横浜時代からの友人・星亨の勧誘にて自由党に入党。
明治24 (1891)		4	・雄七郎、東京帝国大学第一医院で病没、享年四十七。
明治26 (1893)		8	・小金井権三郎・良精編『求志洞遺稿』（上下二冊、表紙揮毫を象門畏友の勝海舟、序文は象門後輩の北沢正誠が執筆）。
		9	・椰野直編『三島翁追悼録』（三島の一周忌記念出版）。
明治31 (1898)		9	・藤原銀太郎編『近世越佐人物伝』（樋口源吉発行、擁天堂出版部の発売）。
明治42 (1909)			・今泉鐸次郎著『河井継之助伝』（博文館）。

大正6（1917）		1	・旧峰岡藩（三根山藩）の家臣団が「財団法人三根山有終団」を結成し、内務大臣後藤新平より設立認可を受ける。
		3	・北越新報社編『長岡教育史料』（北越新報社刊）。 『峰岡藩史資料』（財団法人三根山有終団刊）。
		5	・今泉鐸次郎編『長岡三百年の回顧』（北越新報社刊）。
大正11（1922）		6	・越佐徴古館編『越佐維新志士事略』（国幣中社弥彦神社刊）。
昭和4（1929）		6	・広井一著『明治大正　北越偉人の片鱗』（著者兼発行者）。
昭和5（1930）		4	・松下鉄蔵著『小林病翁先生伝』（「附小林雄七郎先生伝」、著者兼発行の私家版）。
昭和10（1935）		12	・今泉鐸次郎編『牧野家譜』（上下二巻、長岡史料刊行会）。
昭和15（1930）			・星野慎一訳『土地なき民』（全三巻、ハンス・グリム著、鱒書房）。
昭和16（1931）		10	・若月赳夫著『長岡の先賢』（互尊文庫刊）。
昭和17（1932）		7	・山本有三論文「隠れたる先覚者　小林虎三郎」（雑誌『改造』第七号所収。翌年出版の単行本『米・百俵』に収録）。
昭和18（1943）		1	・山本有三の戯曲「米百俵」（雑誌『主婦之友』一月号および二月号に連載。同年六月に新潮社から出版の単行本『米・百俵』に収録）。
		6	・山本有三の単行本『米・百俵』（新潮社刊）。
昭和21（1946）		11	・中野城水著『新潟県教育史』（上巻、新潟県教育会刊）。
昭和23（1948）		5	・小村弌論文「小林虎三郎伝（三）」（新潟県民俗学会監修『高志路』戦後版新十一号、一九四八年五月所収）。
昭和32（1957）		4	・今泉省三著『三島億二郎伝』（覚張書店）。

昭和43（1968）		2	・今泉省三著『長岡の歴史』（第一巻、野島出版）、第二巻（三月）、第三巻（昭和四十五年二月）、第四巻（昭和四十三年十二月）。
昭和44（1969）		6	・結城伴造著『長岡の教育百年』（野島出版）。 ・長岡市立坂之上小学校沿革史『坂之上の教育』（長岡市立坂之上小学校刊）。
昭和45（1970）		3	・『新潟県教育百年史』（「明治編」、新潟県教育庁刊）。
昭和46（1971）		11	・今泉省三著『忘却の残塁――明治維新の長岡の三傑――』（野島出版）。
昭和48（1973）		2	・西蒲原郡教育会編『西蒲原郡志』（名著出版）。
		9	・武田広昭編『三根山藩』（新潟県「巻町双書」第二十集、巻町役場刊）。
昭和49（1974）		2	・星新一著『祖父・小金井良精の記』（河出書房新社）。
昭和50（1975）		2	・安沢順一郎『深く志を耕す――私の教育・倫理学ノート』（小林虎三郎と山本有三に関する論考含む）。
		8	・『米百俵　小林虎三郎の思想』（長岡市刊）。
昭和51（1976）		2	・土田孝夫・吉岡又司・内山喜助著『南天一望　小林虎三郎とその周辺』（長岡目黒書店）。
		10	・『長岡中学読本　人物編』（本編と略註・資料編の二冊、長岡高等学校同窓会刊）。
昭和59（1984）		3	・蒲原拓三著『長岡藩史』（『牧野家家史』と合本版、歴史図書社より復刻）。 ・財団法人三根山有終団編『三根山藩開封三五〇年記念誌』（同法人刊）。
平成3（1991）		3	・『三島億二郎日記』（長岡市史双書第十七巻）。
平成4（1992）		5	・松本健一著『われに万古の心あり――幕末藩士　小林虎三郎』（新潮社）。
平成5（1993）		3	・『近代長岡の漢学者高橋翠村　静雲精舎存稿』（長岡市史双書第二五巻）。
		11	・島宏著『米百俵　小林虎三郎の天命』（ダイヤモンド社）。
平成6（1994）		6	・星野慎一論文「戊辰戦争と長岡藩――「米百俵」の原点をみつめる――」（長岡市『長岡市史研究』第五号所収）。
		8	・『長岡市史　資料編三　近世二』（長岡市発行、「米百俵」に関する最新の関係史料一〇点を収録）。

平成8（1996）		3 3	・『長岡市史　通史編　上巻』（長岡市刊）。 ・『小林虎三郎の求志洞遺稿』（長岡市史双書第三十四巻）。 ・山本有三著『米百俵』の英訳版（"One Hundred Sacks of Rice," translated by Doard KEENE）。
平成9（1997）		3	・『三島億二郎日記（2）』（長岡市史双書第三十六巻）。
平成12（2000）		3	・『三島億二郎日記（3）』（長岡市史双書第三十九巻）。
平成13（2001）		3 7 11	・『三島億二郎日記（4）』（長岡市史双書第四十巻）。 ・山本有三『米百俵』（新潮文庫版、高橋健二「編集後記」）。 ・翻刻『長岡学校沿革略誌』（土田隆夫校注、新潟県立長岡高等学校同窓会発行）。
平成15（2003）		3 5	・横山真一編『近代長岡と広井一（1）（2）（3）』（新潟県立長岡明徳高校、二〇〇三―二〇〇六）。 ・『長岡郷土史』第四十号「小特集　米百俵」（長岡郷土史研究会）。
平成16（2004）		6 8 10	・竹元正実著『「米百俵」海を渡る』（日之出出版）。 ・稲川明雄著『長岡藩』（現代書館）。 ・亀井功論文「米百俵の米の出場所について再考を」（巻町郷土資料館友の会『まきの木』第八十一号所収）。
平成17（2005）		12	・横山真一著『新潟の青年自由民権運動』（梓出版社）。

あとがき

筆者が、史実「米百俵」のことをはじめて知ったのは、昭和四十年代の半ばであった。当時は、佐久間象山の提唱した「東洋道徳・西洋芸術」思想に関する卒業論文に取り組もうとしていた。が、まだ執筆する前のことであった。象山の誕生地で、記念館のある信州松代（長野市松代町）には、資料蒐集で幾度も出掛けた。だが、ある時の帰路、遠回りして越後長岡に立ち寄ることにした。長岡市立互尊文庫（現在の立派な市立中央図書館ができる前の市立図書館）や県立長岡高校などを訪れ、関係史料を閲覧し、写真にも収めた。今は昔、三十数年も前のことである。以来、いつの日にか、象山の愛弟子・小林虎三郎を主人公とする「米百俵」の教育的世界に関する研究をものにしたいという、淡い恋心を募らせていった。大学院では、日本教育の近代化という観点から、開国進取を主張した象山の儒学的洋学受容論としての「東洋道徳・西洋芸術」思想の成立過程の解明、そして彼の門人たちの学問的あるいは教育的な軌跡の分析に取り組んだ。そんな折りの昭和四十九年（一九七四）、筆者は、今は亡き恩師の唐沢富太郎（「米百俵」の舞台の長岡市に近い新潟県出雲町の出身、東京教育大学名誉教授、一九一一―二〇〇四）と研究室の仲間たちを、信州松代に案内し、その帰途、長岡にまわり、長岡高校にも立ち寄った。今、手元に、そのときに撮った写真のアルバムがある。本当に懐かしい想い出となった。

その後、大学に奉職し研究者となってからも、「米百俵」のことは脳裡から離れなかった。象山思想の研究や文部官僚の研究に関わりながらも、常に「米百俵」に関する史料を集めながら、久しく時を待った。ようやく、「米百俵」の主人公である虎三郎に関する初めての研究論文を書いたのが、平成二年（一九九〇）のことであった。それは、「明治初期日本近代化を巡るドイツと中国の歴史的位置――象山門人・小林虎三郎翻刻『徳国学校論略』の分析」（世界教育日本協会『教育新世界』第三十号）というものであった。その内容は、象山門人の虎三郎が、長岡における史実「米百俵」の出来事の後に上京してから数年後、明治七年（一八七五）、いまだ近代化の途上にあった日本に翻刻・紹介した漢書『徳国学校論略』（上下二巻、原著者は清朝末期の中国に在住したドイツ人宣教師）を、ドイツと中国、そして日本という三国の場合の比較教育近代化という視座から分析し、教育近代化の在り方の異同や特徴を解明しようとしたものであった。

以来、虎三郎に関する数編の論文を執筆し、さあ、本格的に「米百俵」の研究に取り組もうとした矢先、偶然にも土佐藩の幕末洋学史関係の新史料と遭遇した。以来、十数年の歳月を、土佐藩研究に費やしてしまった。その研究成果は原稿用紙二千枚にまとめ、一昨年の平成十六年(二〇〇四)二月、『幕末洋学教育史研究』として高知市民図書館から公費で出版された。そして今、やっと後回しになっていた「米百俵」の研究に戻ることができた。

筆者は、折々に「米百俵」の研究の全体構想を練り上げてきた。目下のところは、『「米百俵」の思想世界——日本近代化と象山門人・小林虎三郎の教育的軌跡——』という標題の下に、虎三郎の教育的軌跡を、全八章(四百字詰原稿用紙千五百枚程度)にまとめ上げ、数年後に一冊の研究書として出版する予定である。実は、本書は、その序章に当たる部分を、一般の読者向けに平易に叙述したものである。

それにしても、この「米百俵」の研究もまた、多くの方々のお世話になった。特に長岡市関係では、長岡市史編纂室長や長岡市立中央図書館長を歴任された長岡史研究の第一人者である稲川明雄氏、新潟大学名誉教授の斉藤新治氏、そして今は亡き今井元彦氏。今井氏は、長く市立図書館に勤務され、長岡の郷土史研究会「古志の会」の中心者であった。その今井氏の計らいで、筆者は、平成五年(一九九三)の十一月、長岡市に招かれ講演を行った。そのとき、筆者は、《「米百俵」の教育的思想世界》という演題の下に、史実「米百俵」を、虎三郎の教育的な思想世界の全体の中で捉え理解する視座を提示し、彼の思想と行動の展開をいくつかの発展段階に区分して、各時期における彼の具体的な活動や成果の一つひとつを、全体的かつ統一的に解釈し意味づけすることの必要性を強調した。

そんな思いを抱きながら、徒に歳月のみが流れた。ようやく土佐藩研究が一段落した後、「米百俵」の研究に立ち返ろうとした筆者は、研究の再開を、「米百俵」を送った側の三根山藩（平成十七年に新潟市に合併された新潟県西蒲原郡巻町、及び岩室村）への調査旅行からスタートさせたいと思った。三根山藩なくして史実「米百俵」の誕生はない。そう思って、平成十六年の三月初旬、かつては三根山藩の領地であった巻町を訪れた。巻町役場では、教育長の植村敏氏、社会教育課長の大久保美恵子様、広報広聴係長の土田真清氏、巻町郷土資料館長の大木禊爾氏には、大変お世話になった。とりわけ貴重な関係史料の提供その他で御面倒を頂いたのは、三根山藩家臣の末裔の方々が組織されている財団法人三根山有終団の理事を務められている小島一則氏である。小島家は、廃藩置県後は、代々、地元教育界で校長などの要職を歴任されてきた篤実な家柄であり、同氏もまた、同じ教育者の道を歩まれた人望厚い御方である。信州に帰った後も、小島氏からは、何かと疑問点の調査や追加資料の提供などでお世話を頂き、現在に至っている。深謝に耐えない。

その調査旅行の折りも、巻町から長岡市に廻り、さらに関係史料の追加蒐集に努めた。長岡では、前述の稲川明雄氏が、まだ市立中央図書館長の要職にあって、種々、御配慮を頂いた。また「米百俵」に関わる県立長岡高校では、同校の同窓会事務局長の亀山松雄氏にお世話になった。今回、本書をまとめるに際しても、前述の小島一則氏御夫妻には、大変なお世話をいただいた。とりわけ「古志の会」の代表である亀川純一氏には、三根山藩から送られてきた「米百俵」の荷揚げ場所について御教示を給わり、現場の写真撮影や古地図の提供などで、格別の御配慮をいただいた。また、長岡市立中央図書館でも、本書に掲載する関係史料の写真撮影や補足史料の提供などで、現館長の阿部巧氏、館長補佐の小倉進氏、そして主査の諸橋徳男氏をはじめとする職員各位には、数々の御配慮を給わった。衷心より御礼を申しあげたい。上記の方々のお力添えがあったればこそ、何とか本書をまとめることができた。衷心より感謝の意を表したい。

また、勤務する信州大学では、筆者の研究活動に対して、小宮山淳学長や大島征二副学長をはじめ、教職員各位の温かい御理解と御支援をいただき、感謝に堪えない。本当に有り難いことである。特に大学の附属図書館の職員の皆さん方には、出版の度に、必要文献を学外の関係機関から多数お取り寄せいただき、大変な御苦労をお掛けしている。記して感謝の意を表したい。

最後に、一般向けとはいえ、本書のような学術的性格の強い研究書の出版が非常に難しい昨今、二つ返事で本書の刊行を快諾下さり、立派な本に仕上げて世間にお披露目を頂いた株式会社・学文社、特に同社の三原多津夫氏には、記して謝意を表したい。

平成十八年四月二十五日

冠雪残る北アルプスを遠望しつつ信州大学の研究室にて　著者　坂本　保富

著者の略歴と業績

坂本 保富

昭和22年（1947）6月、栃木県河内郡上三川町に生まれる。昭和53年（1978）3月、東京教育大学大学院博士課程修了（専門は教育思想史、教育文化史）。信州大学教授（大学本部のある松本キャンパスの全学教育機構に所属）。
編著書には、『幕末洋学教育史研究』（高知市民図書館、平成十六年度の高知県出版文化賞、高知出版学術賞を受賞）、『人間存在と教育』『思索の栞——人間・教育・歴史』（以上は振学出版）、『幕末期におけるオランダ語号令の受容とその日本語化問題』『武州徳丸原操練に参加した高島秋帆門人』他（以上、信州大学から刊行の「研究報告書」、全五巻）、『日本近代教育史研究』『最新教育原理要説』『我々はいかに生きるか——現代道徳教育の課題』（共編、以上は振学出版）、『原典解説　日本教育史』（図書文化社）、『教科教育百年史』『原典対訳　米国教育使節団報告書』（以上は建帛社）、『大妻学院八十年史』（共編、ぎょうせい）、『日本教育史研究』『荒川区教育史』（共編、全四巻、以上は第一法規出版）、『埼玉宗教名鑑』（共編、埼玉新聞社）など三十数冊、他に論文多数。

米百俵の歴史学
——封印された主人公と送り主

2006年8月25日　第1版第1刷発行

著　者　坂本　保富

発行者　田　中　千津子
〒153-0064　東京都目黒区下目黒3-6-1
電話　03（3715）1501（代）
FAX　03（3715）2012
http://www.gakubunsha.com

発行所　株式会社　学　文　社

印刷　新灯印刷
製本　小泉企画

ISBN　4-7620-1584-9